Bert Hellinger

Die Mitte fühlt sich leicht an

Bert Hellinger

Die Mitte fühlt sich leicht an

Vorträge und Geschichten

Erweiterte Auflage

Kösel

4., erweiterte Auflage 1998

Druck und Bindung: Kösel, Kempten
Umschlag: Elisabeth Petersen, München
Umschlagfoto: Brigitte Smith, München
ISBN 3-466-30460-1

4 5 6 7 8 · 02 01 00 99 98

Gedruckt auf umweltfreundlich hergestelltem Werkdruckpapier (säurefrei und chlorfrei gebleicht)

Inhalt

Zur Einführung

Liebe Leser,

zu Beginn möchte ich Ihnen einige Hinweise geben, wie die hier veröffentlichten Vorträge und Geschichten aufeinander bezogen und miteinander verknüpft sind. Sie stehen am Ende einer langen Entwicklung und geben den Blick frei auf das Wesentliche meines bisherigen Denkens und Tuns.

In den frühen achtziger Jahren begann ich, genauer auf die Wirkungen zu schauen, wenn Menschen sagen, sie folgen ihrem Gewissen. Dabei fiel mir auf, daß viele, die sich auf ihr Gewissen berufen, etwas sagen und tun, was andere herabsetzt und ihnen schadet. Ich sah also, daß das Gewissen nicht nur im Dienst des Guten steht, sondern auch im Dienst des Schlimmen. So wurde mir die Hochachtung verdächtig, die in unserer Kultur dem Gewissen entgegengebracht wird. Mir wurde auch verdächtig, daß die abendländische Aufklärung vor dem Gewissen haltgemacht hatte, und viele religiöse Vorstellungen, die früher Furcht und Schrecken verbreiteten, schienen mir nun auf das Gewissen verschoben und dort noch immer unantastbar wie ein Tabu.

Im Lauf der Zeit erkannte ich, daß das Gewissen etwas Gewöhnliches ist, etwas Triebhaftes. Daß es, wie andere Triebe auch, innerhalb bestimmter Grenzen eine beziehungsstiftende und eine beziehungssichernde Rolle spielt, und daß es jenseits dieser Grenzen versagt. Denn jenseits der Grenzen der kleinen Gruppe rechtfertigt das Gewissen selbst schlimmste Taten und wirkt furchtbar, zum Beispiel in Kriegen.

Daher entpuppten sich für mich die hehren Ziele, die dem Gewissen als einer moralischen Instanz zugeschrieben wurden, bald als die Ziele einer isolierten Gruppe, die mit Hilfe des Gewissens die Überlegenheit der eigenen Gruppe gegenüber anderen Gruppen zu begründen sucht, mit all den schlimmen Folgen, die sich daraus für die Beziehungen zwischen den Gruppen ergeben. Es gab also allen Grund, genauer hinzuschauen, was das Gewissen innerhalb und zwischen den Gruppen bewirkt.

Eng mit dem Gewissen verbunden sind die Gefühle von Schuld und Unschuld. Auch hier ist seltsam, daß viele schlimme Taten oft mit dem Gefühl von Unschuld einhergehen und gute Taten oft mit dem Gefühl von Schuld. So wurde mir deutlich, daß die Gefühle von Unschuld und Schuld nur innerhalb bestimmter Grenzen hilfreich sind und Unschuld und Schuld nicht dasselbe sind wie gut und böse. Auch hier begann ich, genauer hinzuschauen. Dabei fiel mir auf, daß es vielerlei Erlebnisweisen von Schuld und Unschuld gibt und daß sie unterschiedlichen Zielen dienen, zum Beispiel der Bindung und dem Ausgleich. Diese Ziele ergänzen sich, und sie widersprechen sich auch, wie etwa Gerechtigkeit und Liebe. So wird die Unschuld auf seiten der Gerechtigkeit oft zur Schuld auf seiten der Liebe und umgekehrt.

Als ich diesen Zusammenhängen nachging, entstand langsam der Vortrag *Schuld und Unschuld in Beziehungen.* Ich habe daran etwa ein Jahr lang gearbeitet und immer wieder unterbrochen, um weitere Erfahrungen zu sammeln und sie zu überprüfen. Aufbauend auf diesen Einsichten folgte im Jahr darauf der Vortrag über *Die Grenzen des Gewissens.* Als ich ihn zum ersten Mal hielt, war er noch lange nicht fertig, denn wesentliche Zusammenhänge hatte ich noch nicht erfaßt. Der Durchbruch kam, als ich im Zusammenhang mit generationsübergreifenden Verstrickungen erkannte, daß es neben dem Gewissen, das wir fühlen, noch ein unbewußtes Gewissen gibt, das sich uns nur von seiner Wirkung her erschließt. Dieses unbewußte Gewissen dient anderen Ordnungen als das bewußte, und oft verstoßen wir gegen das unbewußte Gewissen gerade dadurch, daß wir dem bewußten folgen. Tragische Verstrickungen in der Familie sowie viele schwere Krankheiten, Psychosen, Unfälle, Selbstmord und Verbrechen, aber auch Entsagung und unverständliche Sühne und Furcht hängen mit der Spannung zwischen dem bewußten und dem unbewußten Gewissen zusammen und mit der Spannung zwischen den engeren und weiteren Ordnungen, denen sie dienen.

Erst als mir diese Zusammenhänge klar waren, konnte ich den Vortrag über *Die Grenzen des Gewissens* vollenden. Danach konnte ich auch die Ordnungen beschreiben, die hinter den verschiedenen Gewissen wirken. Dies habe ich, wieder ein Jahr danach, mit dem nächsten Vortrag gemacht: *Die Ordnungen der Liebe.*

Später habe ich diesen Vortrag noch ergänzt und erweitert. Im ersten Teil werden die Ordnungen der Liebe zwischen Eltern und Kindern und in der Sippe beschrieben, und im zweiten Teil die Ordnungen der Liebe zwischen Mann und Frau und in bezug zum tragenden Ganzen. Hier wird gezeigt, wie die Ordnungen der Liebe in bezug auf den religiösen Bereich an ihre Grenzen stoßen und nicht auf ihn übertragbar sind.

Damit sage ich auch etwas darüber, was in der allgemeinen Hochachtung für das Gewissen zwar mitschwingt, aber jenseits der verschiedenen Gewissen liegt. Wer im Einklang mit der Welt ist und ihr zustimmt, wie sie ist, der weiß, was schadet oder hilft, und was gut ist oder schlimm. Er folgt diesem Wissen unabhängig davon, was andere sagen, sei es dafür oder dagegen, weil er im Einklang ist. Er ruht in seiner Mitte, im Gleichgewicht: zugleich gesammelt und zugewandt. Diese Mitte fühlt sich leicht an.
Alle Vorträge kreisen um diese Mitte und führen dorthin. In ihr kommen wir zur Ruhe und erfahren uns gelassen und ganz.

Auch meine Geschichten kreisen um diese Mitte und um eine verborgene Ordnung, die jenseits der Grenzen von Gewissen und Schuld das Trennende eint.
Es sind therapeutische Geschichten. Einige von ihnen sind Parodien. Sie brechen das Tabu, genauer hinzuschauen, und entlarven die trügerischen oder dunklen Seiten von Märchen und Geschichten, zum Beispiel in: *Die Täuschung, Die Liebe, Der Glaube, Das Ende* und *Zweierlei Glück.*
Andere Geschichten bewirken, was sie uns erzählen, schon während wir sie lesen. So beginnen wir vielleicht bereits beim Lesen, Vergangenes zu lassen und uns zu sammeln auf den nächst fälligen Vollzug. Zu diesen Geschichten gehören: *Das Rasthaus, Die Wende, Die Einsicht, Der Abschied, Das Fest.*
Andere Geschichten sind mit mir gewachsen, und ich mit ihnen. Es sind Geschichten, die an Letztes rühren. Sie nehmen mit auf den Erkenntnisweg, bis an seine Grenzen, ohne Furcht und ohne Rücksicht. Zu diesen Geschichten

gehören: *Zweierlei Wissen, Die Fülle, Die Leere, Das Gleiche, Die Antwort, Die Spieler, Das Nicht.*
Wie die Vorträge, so sind auch die Geschichten über die Jahre entstanden und wurden beim wiederholten Erzählen an ihrer Wirkung überprüft und vertieft. Für dieses Buch wurden sie ergänzt und neu geordnet. So sind daraus drei Sammlungen geworden: *Geschichten, die zu denken geben, Geschichten, die wenden* und *Geschichten vom Glück.* In ihnen wird das in den thematischen Vorträgen Gesagte verdichtet und auf einer anderen Ebene weitergeführt und vertieft. Daher wechseln sich auch Vorträge und Geschichten ab.
Und wie kommt das Buch zu seinem Titel? Ich erzähle dazu eine Geschichte:

Jemand fragte einen alten Lehrer: »Wie machst denn du das, wenn du anderen hilfst? Oft kommen zu dir Leute und fragen dich um Rat in Dingen, von denen du nur wenig weißt. Doch nachher geht es ihnen besser.«
Der Lehrer gab zur Antwort: »Nicht am Wissen liegt es, wenn einer auf dem Wege stehenbleibt und nicht mehr weiter will. Denn er sucht Sicherheit, wo Mut verlangt wird, und Freiheit, wo das Richtige ihm keine Wahl mehr läßt. Und so dreht er sich im Kreis.
Der Lehrer aber widersteht dem Vorwand und dem Schein. Er sucht die Mitte, und dort gesammelt wartet er – wie einer, der die Segel ausspannt vor den Wind –, ob ihn vielleicht ein Wort erreicht, das wirkt. Wenn dann der andere zu ihm kommt, findet der ihn dort, wohin er selber muß, und die Antwort ist für beide. Beide sind Hörer.«
Und er fügte hinzu: »Die Mitte fühlt sich leicht an.«

Die Mitte fühlt sich leicht an, wenn man ihr Zeit läßt zu schwingen. Sie entfaltet daher ihre Wirkung leichter, wenn man diese Vorträge und Geschichten liest, als würde man sie innerlich hören.
Ich wünsche Ihnen beim Lesen befreiende Einsicht und jene Leichtigkeit, die aus dem Einklang mit der Mitte kommt.

Ihr

Bert Hellinger

Hinweis:
Die hier gesammelten Vorträge und Geschichten wurden im ORF-Studio Linz vor einem größeren Publikum aufgezeichnet und sind sowohl auf CD wie auch auf Videokassette erhältlich.
Vertrieb durch den Carl-Auer-Systeme Verlag, Weberstraße 2, D-69120 Heidelberg.

Vorwort zur erweiterten Auflage

Wir erfahren die Seele sowohl als uns zugehörig, zum Beispiel im persönlichen Gewissen, als auch wie eine uns von außen steuernde Kraft, zum Beispiel im Sippengewissen. Und wir erfahren sie weit darüber hinaus als Große Seele, weder an den Raum noch an die Zeit gebunden, als Kraft, die uns für etwas Größeres in ihren Dienst nimmt.
In den früheren Vorträgen dieses Buches klang zwar das Wirken der Großen Seele schon an, doch habe ich es seitdem sowohl im Leben wie in der Psychotherapie noch weiter betrachtet und bedacht. Daraus sind die beiden Vorträge *Leib und Seele, Leben und Tod* und *Psychotherapie und Religion* entstanden, die in diese Auflage mit aufgenommen wurden. Sie ergänzen die anderen Vorträge und führen an Grenzen, über die ich wohl nicht mehr hinausgehen darf. Doch ich lade Sie ein, mit mir bis an diese Grenzen zu gehen.

Bert Hellinger

Schuld und Unschuld in Beziehungen

Menschliche Beziehungen beginnen mit Geben und Nehmen, und mit Geben und Nehmen beginnen auch unsere Erfahrungen von Unschuld und Schuld. Denn wer gibt, der hat auch Anspruch, und wer nimmt, der fühlt sich verpflichtet. Anspruch auf der einen Seite und Verpflichtung auf der anderen sind für jede Beziehung das grundlegende Schuld-Unschuld-Muster. Es dient dem Austausch von Geben und Nehmen. Denn Geber und Nehmer haben beide keine Ruhe, bis es zu einem Ausgleich kommt: bis auch der Nehmer gibt, und der Geber nimmt.
Ich bringe dazu ein Beispiel:

Der Ausgleich

In Afrika wurde ein Missionar in eine andere Gegend versetzt. Am Morgen der Abreise kam noch ein Mann zu ihm, der schon mehrere Stunden unterwegs gewesen war, um ihm zum Abschied ein kleines Geldgeschenk zu geben, Wert etwa dreißig Pfennige. Der Missionar sah, daß der Mann ihm danken wollte – denn er hatte ihn, als dieser krank war, öfters in seinem Kral besucht –, und er wußte auch, daß dieses Geld für ihn eine große Summe war.
So war er schon versucht, es ihm zurückzugeben, ja ihm noch einiges dazuzuschenken. Doch dann besann er sich. Er nahm das Geld und dankte.

*

Wenn wir von anderen etwas bekommen – und sei es noch so schön –, verlieren wir unsere Unabhängigkeit und Unschuld. Denn wenn wir nehmen, fühlen wir uns dem Geber verpflichtet und bei ihm in Schuld. Diese Schuld erleben wir als Unlust und als Druck, und wir versuchen, sie wieder loszuwerden, indem wir selber geben. Es gibt kein Nehmen ohne diesen Preis.

Unschuld dagegen erfahren wir als Lust. Wir fühlen sie als Anspruch, wenn wir gegeben haben, ohne selber zu nehmen, und wenn wir mehr geben, als wir nehmen. Und wir fühlen sie als Leichtigkeit und Freiheit, wenn wir zu nichts verpflichtet sind, zum Beispiel wenn wir selbst nichts brauchen oder nehmen und, ganz besonders, wenn wir nach dem Nehmen auch gegeben haben.

Um diesen Zustand zu erreichen oder festzuhalten, kennen wir drei typische Verhaltensweisen.

Die erste ist:

Das Aussteigen

Manche wollen ihre Unschuld bewahren, indem sie sich weigern mitzumachen. Sie machen lieber dicht, als daß sie nehmen. Dann sind sie auch zu nichts verpflichtet. Das ist die Unschuld der Nichtspieler, die sich nicht die Finger schmutzig machen wollen. Daher kommen sie sich oft besonders oder besser vor. Doch sie leben auf Sparflamme und fühlen sich entsprechend leer und unzufrieden.

Dieser Haltung begegnen wir bei vielen Depressiven. Ihre Weigerung zu nehmen bezieht sich zuerst auf Vater oder Mutter oder auch auf beide Eltern. Später übertragen sie diese Weigerung auch auf andere Beziehungen und auf die guten Dinge dieser Welt. Einige begründen ihre Weigerung zu nehmen mit dem Vorwurf: was ihnen angeboten und gegeben wurde, sei nicht das Richtige oder zu wenig. Andere rechtfertigen ihr Nichtnehmen mit den Fehlern der Geber. Das Ergebnis ist jedoch immer das gleiche. Sie bleiben untätig und leer.

Die Fülle

Die umgekehrte Wirkung sehen wir bei jenen, denen es gelingt, ihre Eltern zu nehmen, so wie sie sind, und von ihnen alles zu nehmen, was sie ihnen geben. Dieses Nehmen erleben sie als eine ständige Zufuhr von Energie und Glück. Es macht sie fähig, auch andere Beziehungen zu haben und in ihnen viel zu nehmen und zu geben.

Das Helfer-Ideal

Eine zweite Weise, Unschuld zu erfahren, ist der Anspruch an andere, wenn ich ihnen mehr gegeben habe als sie mir. Diese Unschuld ist meist nur vorübergehend, denn sobald auch ich vom anderen nehme, hört mein Anspruch auf.
Manche Menschen aber halten ihren Anspruch lieber aufrecht, als daß auch sie sich von anderen etwas geben lassen. Gleichsam nach dem Motto: »Lieber sollst du dich verpflichtet fühlen als ich.« Diese Haltung finden wir bei vielen Idealgesinnten, und wir kennen sie als Helfer-Ideal.
Doch solche anspruchsvolle Freiheit von Verpflichtung ist beziehungs-feindlich. Denn wer nur geben will, hält fest

an einer Überlegenheit, die nur vorübergehend sein darf, weil sonst dem anderen die Ebenbürtigkeit verweigert wird. Denn von dem, der selbst nichts nehmen will, wollen andere bald nichts mehr haben. Sie ziehen sich von ihm zurück oder werden ihm böse. Solche Helfer bleiben einsam und sind oft verbittert.

Der Austausch

Die dritte und schönste Weise, Unschuld zu erfahren, ist die Entlastung nach dem Ausgleich, wenn wir sowohl genommen als auch gegeben haben. Dieser Austausch von Geben und Nehmen spielt sich zwischen den Beteiligten ab. Das heißt, wer vom anderen etwas nimmt, gibt diesem auch Entsprechendes zurück.
Doch nicht nur auf den Ausgleich kommt es dabei an, auch auf den Umsatz. Der kleine Umsatz von Geben und Nehmen bringt kleinen Gewinn. Der große Umsatz aber macht reich. Er wird begleitet von Gefühlen der Fülle und des Glücks. Dieses Glück fällt uns nicht in den Schoß. Es wird gemacht. Bei solch großem Umsatz haben wir ein Gefühl von Leichtigkeit und Freiheit und von Gerechtigkeit und Frieden. Von den vielen Möglichkeiten, Unschuld zu erfahren, ist sie wohl die befreiendste. Diese Unschuld ist zufrieden.

Das Weitergeben

In manchen Beziehungen aber ist uns diese Entlastung nicht möglich, weil zwischen dem Geber und Nehmer ein unaufhebbares Gefälle herrscht. Zum Beispiel zwischen Eltern und Kindern oder zwischen Lehrern und Schülern. Denn Eltern und Lehrer sind in erster Linie Gebende, und Kinder und Schüler sind Nehmende. Zwar bekommen auch die Eltern etwas von ihren Kindern, und die Lehrer etwas von ihren Schülern. Das Ungleichgewicht aber wird dadurch nicht aufgehoben. Es wird nur gemildert.
Doch die Eltern waren selber einmal Kinder, und die Lehrer selber einmal Schüler. Sie erreichen den Ausgleich, indem sie an die nächste Generation weitergeben, was sie von der früheren empfangen haben. Und ihre Kinder oder Schüler dürfen ein Gleiches tun.
Börries von Münchhausen beschreibt das anschaulich in seinem Gedicht:

Der goldene Ball

Was auch an Liebe mir vom Vater ward,
ich hab's ihm nicht vergolten, denn ich habe
als Kind noch nicht gekannt den Wert der Gabe
und ward als Mann dem Manne gleich und hart.

Nun wächst ein Sohn mir auf, so heiß geliebt
wie keiner, dran ein Vaterherz gehangen,
und ich vergelte, was ich einst empfangen,
an dem, der mir's nicht gab – noch wiedergibt.

Denn wenn er Mann ist und wie Männer denkt,
wird er, wie ich, die eigenen Wege gehen,
sehnsüchtig werde ich, doch neidlos sehen,
wenn er, was mir gebührt, dem Enkel schenkt. –

Weithin im Saal der Zeiten sieht mein Blick
dem Spiel des Lebens zu, gefaßt und heiter,
den goldenen Ball wirft jeder lächelnd weiter,
– und keiner gab den goldnen Ball zurück!

*

Was zwischen Eltern und Kindern und zwischen Lehrern und Schülern gilt, das gilt auch überall dort, wo ein Ausgleich durch Zurückgeben und Austausch nicht möglich ist. Das heißt, wir können uns dennoch von der Verpflichtung entlasten, wenn wir von dem Empfangenen an andere weitergeben.

Das Danken

Eine letzte Möglichkeit des Ausgleichs beim Nehmen und Geben ist das Danken. Mit dem Danken drücke ich mich nicht vor dem Geben. Doch es ist manchmal die dem Nehmen einzig angemessene Antwort. Zum Beispiel für einen Behinderten, oder für einen Kranken, oder für einen Sterbenden und, manchmal, auch für einen Liebenden.
Hier kommt neben dem Bedürfnis nach Ausgleich auch jene elementare Liebe mit ins Spiel, welche die Mitglieder eines sozialen Systems anzieht und zusammenhält, ähnlich wie die Schwerkraft die Körper im All. Diese Liebe beglei-

tet das Nehmen und Geben und geht ihm voraus. Beim Nehmen zeigt sie sich als Dank.
Wer dankt, erkennt an: »Du gibst mir unabhängig davon, ob ich es je vergelten kann, und ich nehme es von dir als ein Geschenk.« Und wer den Dank annimmt, sagt: »Deine Liebe und die Anerkennung meiner Gabe sind mir mehr wert als alles, was du sonst noch für mich tun magst.«
Im Danken bestätigen wir uns daher nicht nur mit dem, was wir einander geben, sondern auch mit dem, was wir füreinander sind.
Ich erzähle euch dazu eine kleine Geschichte:

Das Nehmen

Jemand fühlte sich Gott zu großem Dank verpflichtet, weil er aus lebensbedrohender Gefahr gerettet worden war. Er fragte einen Freund, was er nun tun solle, damit sein Dank auch Gottes würdig sei. Der aber erzählte ihm eine Geschichte.
Ein Mann liebte von Herzen eine Frau und bat sie, daß sie ihn heiraten möge. Sie aber hatte anderes im Sinn. Als sie eines Tages zusammen die Straße überqueren wollten, hätte ein Auto die Frau fast überfahren, wenn ihr Begleiter sie nicht geistesgegenwärtig noch zurückgerissen hätte. Daraufhin wandte sie sich ihm zu und sagte: »Jetzt heirate ich dich.«
»Was denkst du, wie dieser Mann sich gefühlt hat?« fragte der Freund. Der andere aber, statt ihm zu antworten, verzog nur unwillig den Mund.
»Siehst du«, sagte der Freund, »so ergeht es Gott vielleicht mit dir.«
Ich erzähle euch noch eine Geschichte dazu:

Die Heimkehrer

Jugendfreunde zogen in den Krieg, erlebten unbeschreibliche Gefahren, und während viele starben oder schwer verwundet wurden, kehrten zwei von ihnen unversehrt zurück.
Der eine von den beiden war sehr still geworden. Er wußte, es war unverdient, daß er errettet wurde, und er nahm sein Leben als ein Geschenk, wie Gnade.
Der andere aber brüstete sich seiner Heldentaten und der Gefahren, denen er entronnen war. Es war, als hätte er all das umsonst erlebt.

Das Glück

Unverdientes Glück wird oft erlebt als etwas, das bedroht und Angst macht. Das hat damit zu tun, daß wir verborgen meinen, wir würden mit dem Glück den Neid des Schicksals oder anderer Menschen wecken. Dann erleben wir das Nehmen des Glücks wie das Übertreten eines Tabus, wie das Auf-sich-Nehmen einer Schuld, wie die Zustimmung zu einer Gefahr. Das Danken mildert die Angst. Dennoch braucht es zum Glück sowohl Demut wie Mut.

Die Gerechtigkeit

Das Wechselspiel von Schuld und Unschuld wird also in Gang gesetzt durch Geben und Nehmen, und es wird reguliert durch ein allen gemeinsames Bedürfnis nach Aus-

gleich. Sobald der Ausgleich erreicht ist, kann eine Beziehung entweder zu Ende gehen, oder sie kann durch erneutes Geben und Nehmen wiederaufgenommen und fortgesetzt werden.
Es gibt aber keinen beständigen Austausch, wenn es dazwischen nicht immer wieder zum Ausgleich kommt. Das ist wie beim Gehen. Wir bleiben stehen, wenn wir das Gleichgewicht festhalten. Wir fallen hin und bleiben liegen, wenn wir es verlieren. Und wir schreiten voran, wenn wir es abwechselnd verlieren und wiedergewinnen.
Schuld als Verpflichtung und Unschuld als Anspruch und Entlastung stehen im Dienst des Austauschs. Durch diese Schuld und Unschuld fördern wir uns gegenseitig und verbinden uns im Guten. Diese Schuld und diese Unschuld sind eine gute Schuld und eine gute Unschuld. Wir erleben uns dabei in Ordnung und in Kontrolle und gut.

Schaden und Verlust

Beim Nehmen und Geben gibt es aber auch eine böse Schuld und eine böse Unschuld, zum Beispiel wenn der Nehmer ein Täter und der Geber sein Opfer ist. Wenn also jemand einem anderen etwas antut, gegen das der sich nicht wehren kann. Oder wenn der eine etwas für sich in Anspruch nimmt, das dem anderen schadet oder weh tun muß.
Auch hier unterliegen beide, Täter und Opfer, dem Bedürfnis nach Ausgleich. Das Opfer hat darauf Anspruch, und der Täter weiß sich dazu verpflichtet. Doch diesmal ist der Ausgleich zum gegenseitigen Schaden. Denn nach

der Tat sinnt auch der Unschuldige Böses. Er will dem Schuldigen schaden, wie der ihm geschadet hat, und ihm ein Leid antun, wie der es ihm angetan hat. Daher wird vom Schuldigen jetzt mehr verlangt, als daß er nur den Schaden wiedergutmacht. Er muß auch sühnen.
Erst wenn sie beide, der Schuldige und sein Opfer, gleichermaßen böse waren und gleichviel verloren und gelitten haben, sind sie sich wieder ebenbürtig. Erst dann sind zwischen ihnen Frieden und Versöhnung möglich, und sie können einander wieder Gutes tun. Oder wenn der Schaden und der Schmerz zu groß gewesen sind, können sie sich im Frieden trennen.
Dazu ein Beispiel:

Der Ausweg

Ein Mann erzählte einem Freund, seit zwanzig Jahren trage seine Frau ihm nach, daß er nur wenige Tage nach der Hochzeit mit seinen Eltern sechs Wochen lang in Urlaub fuhr und sie allein zurückließ, weil seine Eltern für ihr Auto einen Fahrer brauchten. Alles gute Zureden und Sich-entschuldigen und Um-Verzeihung-Bitten habe bisher nichts gebracht.
Der Freund erwiderte: »Am besten sagst du ihr, sie darf sich etwas wünschen oder etwas für sich tun, das dich genausoviel kostet, als es sie damals gekostet hat.«
Der Mann begriff und strahlte. Jetzt hatte er den Schlüssel, der auch schloß.

*

Manche mag es erschrecken, daß keine Versöhnung möglich ist, wenn in solchen Fällen nicht auch der Unschuldige böse wird und Sühne fordert. Doch gemäß dem alten Spruch, daß man den Baum an seiner Frucht erkennt, brauchen wir nur hinzuschauen, was im einen wie im anderen Fall geschieht, um festzustellen, was wirklich gut und wirklich böse ist.

Die Ohnmacht

Auch im Zusammenhang von Schaden und Verlust erleben wir die Unschuld auf verschiedene Weisen.

Ihre erste ist die Ohnmacht, denn der Täter handelt, und das Opfer leidet. Wir halten den Schuldigen für um so schuldiger und seine Tat für um so schlimmer, je wehrloser und ohnmächtiger sein Opfer war. Doch nach der bösen Tat bleibt auch das Opfer selten wehrlos. Es könnte handeln und vom Täter Recht und Sühne fordern und so der Schuld ein Ende setzen und neuen Anfang möglich machen.

Wenn das Opfer selbst nicht handelt, dann handeln andere an seiner Stelle. Doch mit dem Unterschied, daß dann sowohl der Schaden wie das Unrecht, das sie an seiner Stelle anderen antun, sehr viel schlimmer werden, als hätte das Opfer sein Recht und seine Rache selber in die Hand genommen.

Ich bringe dazu ein Beispiel:

Die doppelte Verschiebung

Ein älteres Ehepaar besuchte gemeinsam einen Selbsterfahrungskurs, und schon am ersten Abend war die Frau verschwunden. Sie tauchte erst am nächsten Morgen wieder auf, stellte sich vor ihren Mann und sagte: »Ich komme von meinem Freund.«

Die Frau verhielt sich anderen gegenüber aufmerksam und zugewandt. Nur wenn sie ihrem Mann begegnete, war sie wie aus dem Häuschen. Den anderen war nicht einfühlbar, wieso sie ihm so böse war, zumal er sich nicht wehrte, sondern sachlich blieb.

Es stellte sich heraus, daß diese Frau als Kind im Sommer mit ihrer Mutter und den übrigen Geschwistern vom Vater aufs Land geschickt worden war, während er mit seiner Freundin in der Stadt blieb. Doch manchmal kam er mit seiner Freundin auf Besuch, und seine Frau bediente beide ohne Vorwurf oder Klage. Sie unterdrückte ihren Zorn und ihren Schmerz, und ihre Kinder merkten es.

Man könnte das heroische Tugend nennen, doch ihre Wirkung ist schlimm. Denn in menschlichen Systemen taucht der verdrängte Groll später wieder auf, und zwar bei denen, die sich am wenigsten dagegen wehren können. Meist sind es die Kinder oder Enkel, und sie merken es nicht einmal. Dabei kommt es zu einer doppelten Verschiebung.

Als erstes die Verschiebung auf ein anderes Subjekt, in unserem Beispiel von der Mutter auf die Tochter.

Als zweites die Verschiebung auf ein anderes Objekt, in unserem Beispiel statt auf den schuldigen Vater auf den unschuldigen Mann. Auch hier wird der zum Opfer, der sich am wenigsten wehren kann, weil er die Täterin liebt.

Wo Unschuldige lieber leiden als handeln, gibt es daher bald mehr unschuldige Opfer und schuldige Täter als zuvor.
Die Lösung in unserem Beispiel wäre gewesen, daß die Mutter dieser Frau ihrem Mann offen böse geworden wäre. Dann hätte er sich stellen müssen, und es wäre entweder zu einem neuen Anfang gekommen oder zu einer klaren Trennung.
Anzumerken bleibt noch, daß hier die Tochter, die ihre Mutter rächt, nicht nur die Mutter liebt, sondern auch ihren Vater. Sie ahmte ihn nach, denn sie verhielt sich zu ihrem Mann genau wie er zu ihrer Mutter. Hier wird also noch ein anderes Schuld-Unschuld-Muster wirksam, bei dem die Liebe blind macht für die Ordnung. Das heißt, die Unschuld auf der einen Seite macht blind für die Schuld und ihre Folgen auf der anderen.
Die doppelte Verschiebung finden wir auch dort, wo das Opfer nach der Tat nicht handeln konnte, weil es ohnmächtig war.
Auch dazu bringe ich ein Beispiel:

Der Rächer

Ein etwa vierzigjähriger Mann fühlte während einer Psychotherapie die Angst, er könne anderen Gewalt antun. Aus seinem Charakter und Verhalten ergaben sich keine Hinweise, und so fragte ihn der Therapeut, ob es in seiner Sippe Gewalt gegeben habe.
Es stellte sich heraus, daß sein Onkel, der Bruder seiner Mutter, ein Mörder war. Er hatte in seinem Betrieb eine

Angestellte, die auch seine Geliebte war. Eines Tages zeigte er ihr das Photo einer anderen Frau und bat sie, zum Friseur zu gehen und sich von ihm die gleiche Frisur machen zu lassen, wie sie diese Frau trug. Als sie schon längere Zeit mit dieser Frisur gesehen worden war, reiste er mit ihr ins Ausland und brachte sie dort um. Dann fuhr er mit der anderen Frau, deren Photo er seinem Opfer gezeigt hatte, in sein Heimatland zurück, und jetzt war sie seine Angestellte und Geliebte. Doch die Tat wurde bekannt, und er erhielt lebenslange Haft.

Der Therapeut wollte noch mehr von den Verwandten wissen, vor allem von den Großeltern, den Eltern des Mörders, denn er fragte sich, wo die Triebkraft für diese Tat zu suchen sei. Doch der Mann konnte ihm nur wenig Auskunft geben. Vom Großvater wisse er überhaupt nichts, und die Großmutter sei eine fromme, angesehene Frau gewesen. Er forschte dann genauer nach und fand heraus, daß seine Großmutter den eigenen Mann in der Nazizeit als homosexuell verklagt hatte, so daß er daraufhin verhaftet, in ein Konzentrationslager gebracht und dort ermordet worden war.

Der eigentliche Mörder im System, von dem die nachweisbare, zerstörerische Energie den Ausgang nahm, das war die fromme Großmutter. Der Sohn dagegen trat wie ein zweiter Hamlet als der Rächer seines Vaters auf, doch, so wie Hamlet, verblendet durch eine doppelte Verschiebung. Er übernahm die Rache anstelle seines Vaters. Das war die Verschiebung im Subjekt. Doch er verschonte die Mutter und ermordete statt ihrer die andere geliebte Frau. Das war die Verschiebung im Objekt.

Dann übernahm er die Folgen, nicht nur für die eigene Tat, sondern auch für die der Mutter. Und er wurde beiden

Eltern ähnlich, der Mutter durch die Tat, dem Vater durch die Haft.

*

Es ist daher eine Illusion zu glauben, wir könnten am Bösen unbeteiligt bleiben, wenn wir den Schein der Ohnmacht und der Unschuld wahren, statt daß wir uns der Schuld des Täters stellen, auch wenn wir selber dabei Böses tun. Sonst kann die Schuld kein Ende finden. Wer sich daher untätig der Schuld des anderen unterwirft, der kann nicht nur seine Unschuld nicht bewahren. Er sät auch Unheil.

Das Verzeihen

Als Ersatz für eine fällige Auseinandersetzung dient auch das Verzeihen, wenn es den Konflikt nur zudeckt und verschiebt, statt ihn zu lösen.
Besonders schlimm wirkt das Verzeihen, wenn das Opfer dem Schuldigen die Schuld erläßt, als hätte es ein Recht dazu. Wenn es zu einer wirklichen Versöhnung kommen soll, dann hat der Unschuldige nicht nur das Recht auf Wiedergutmachung und Sühne, er hat auch die Pflicht, sie zu fordern. Und der Schuldige hat nicht nur die Pflicht, die Folgen seiner Tat zu tragen, er hat dazu auch das Recht.
Ein Beispiel:

Das zweite Mal

Ein Mann und eine Frau, beide schon verheiratet, verlieben sich, und als die Frau schwanger wird, lassen sie sich von ihren früheren Partnern scheiden und gehen miteinander eine neue Ehe ein. Die Frau war vorher kinderlos. Der Mann aber hatte aus erster Ehe eine kleine Tochter, die er bei ihrer Mutter ließ. Beide fühlten sich gegenüber der ersten Frau des Mannes und gegenüber seinem Kind schuldig, und ihre große Sehnsucht war, die Frau möge ihnen doch verzeihen. Doch die war ihnen böse, denn für ihrer beider Vorteil bezahlte sie mit ihrem Kind den Preis.

Als die beiden mit einem Freund darüber sprachen, bat er sie, sich vorzustellen, wie es ihnen ginge, wenn diese Frau ihnen verzeihen würde. Da erkannten sie, daß sie den Folgen ihrer Schuld bisher noch ausgewichen waren, und daß ihre Hoffnung auf Verzeihung der Würde und dem Anspruch aller widersprach. Sie erkannten an, daß sie ihr neues Glück auf das Unglück seiner ersten Frau und seines Kindes bauten, und sie entschlossen sich, gerechten Forderungen angemessen nachzukommen. Sie blieben aber auch bei ihrer Wahl.

Die Versöhnung

Es gibt aber auch ein gutes Verzeihen, das dem Schuldigen seine Würde läßt und die eigene wahrt. Dieses Verzeihen verlangt, daß das Opfer mit seinen Forderungen nicht an die äußerste Grenze geht, und daß es den Ausgleich und die Sühne, die vom Täter angeboten werden, auch an-

nimmt. Ohne dieses gute Verzeihen gibt es keine Versöhnung.
Ich bringe ein Beispiel:

Das Aha-Erlebnis

Eine Frau hatte ihren Mann wegen eines Liebhabers verlassen und ließ sich von ihm scheiden. Nach vielen Jahren spürte sie, wie sehr sie ihn noch liebte, und fragte ihn, ob sie wieder seine Frau sein dürfe. Er aber wollte sich nicht dazu äußern. Doch sie beschlossen, in dieser Sache gemeinsam einen Psychotherapeuten aufzusuchen.
Der Psychotherapeut fragte zu Beginn den Mann, was er denn von ihm haben wolle. Der sagte: »Ich will nur ein Aha-Erlebnis.« Der Therapeut erwiderte, das sei zwar schwierig, doch er werde sich darum bemühen. Dann fragte er die Frau, was sie dem Mann anzubieten hatte, damit er sie wieder zur Frau haben wolle. Doch sie hatte sich das viel zu einfach vorgestellt, und ihr Angebot blieb unverbindlich. Kein Wunder, daß es auf den Mann keinen Eindruck machte.
Der Therapeut zeigte ihr, daß sie vor allem anerkennen müsse, daß sie ihrem Mann weh getan hatte. Er müsse sehen, daß sie das ihm angetane Unrecht wiedergutmachen wolle. Die Frau besann sich eine Weile, blickte ihrem Mann in die Augen und sagte: »Es tut mir leid, was ich dir angetan habe. Ich bitte dich, laß mich wieder deine Frau sein. Ich werde dich lieben und für dich sorgen. Und in Zukunft sollst du dich auf mich verlassen können.«

Der Mann aber rührte sich immer noch nicht. Der Therapeut schaute ihn an und sagte: »Was deine Frau dir damals angetan hat, muß sehr schlimm für dich gewesen sein, und du willst es nicht ein zweites Mal erleben.« Da wurden seine Augen feucht. Der Therapeut fuhr fort: »Wem soviel Schlimmes zugemutet wurde, der fühlt sich dem Schuldigen moralisch überlegen. Er darf daher für sich das Recht in Anspruch nehmen, den anderen zurückzuweisen, so als bräuchte er ihn nicht. Gegen solche Unschuld hat der Schuldige keine Chance.« Der Mann lächelte, als fühlte er sich ertappt. Dann drehte er sich zu seiner Frau und schaute ihr lieb in die Augen.

Der Therapeut sagte: »Das war jetzt das Aha-Erlebnis. Es kostet fünfzig Mark. Und jetzt verschwindet, und ich will nie wissen, wie es ausgegangen ist.«

Der Schmerz

Wenn in menschlichen Beziehungen des Täters Schuld zu einer Trennung führt, dann sehen wir den Täter als frei und unabhängig an. Doch würde er die verletzende Tat nicht vollbringen, müßte er vielleicht verkümmern, und er hätte dann den Anspruch und das Recht, dem anderen dafür zu grollen.

Oft sucht der Täter sich die Trennung zu erkaufen, indem er vor der Trennung soviel leidet, daß er den Schmerz des Opfers bei der Trennung damit aufwiegt. Vielleicht will er durch die Trennung für sich nur einen neuen oder größeren Bereich erschließen, und er leidet, weil ihm das nur gelingen kann, wenn er dem anderen weh tut oder schadet.

Doch bei einer Trennung hat nicht nur der Täter die Chance eines neuen Anfangs. Auch das Opfer hat unversehens neue Möglichkeiten.
Wenn sich der andere dem aber verweigert und bei seinem Schmerz verharrt, dann macht er es dem Täter schwer, einen neuen Weg zu gehen, und sie bleiben beide, trotz ihrer Trennung, noch aneinandergefesselt.
Wenn aber auch das Opfer die Chance eines neuen Anfangs wahrnimmt, schenkt es damit dem Täter Freiheit und Entlastung. Von allen Weisen des Verzeihens ist sie vielleicht die schönste, denn sie versöhnt, auch wenn die Trennung bleibt.
Wo aber Schuld und Schaden schicksalhafte Größe angenommen haben, gibt es Versöhnung nur, wenn auf die Sühne ganz verzichtet wird. Das ist ein demütiges Verzeihen und ein demütiges Sich-Fügen der Ohnmacht. Beide, das Opfer und der Schuldige, unterwerfen sich einem unberechenbaren Schicksal und setzen damit der Schuld und der Sühne ein Ende.

Gut und Böse

Wir teilen die Welt gerne ein in eine, die das Recht hat, dazusein, und in eine, die eigentlich nicht dasein dürfte, obwohl sie da ist und wirkt. Das erstere nennen wir gut oder gesund oder Heil und Frieden. Das andere nennen wir böse oder krank oder Unheil und Krieg. Und wie das alles sonst noch heißen mag. Das hat damit zu tun, daß wir gut und förderlich nennen, was für uns das Leichte ist; und was für uns das Schwere ist, nennen wir schlimm oder schlecht.

Wenn wir aber genauer hinschauen, dann sehen wir, daß die Kraft, die die Welt voranbringt, in dem gründet, was wir schwer und böse nennen oder schlimm. Die Herausforderung zum Neuen kommt aus dem, was wir lieber weghaben oder ausklammern wollen.

Wenn wir uns daher vor dem Schweren oder dem Sündigen oder dem Kämpferischen drücken, verlieren wir gerade das, was wir behalten wollen: unser Leben, unsere Würde, unsere Freiheit, unsere Größe. Nur wer sich auch den dunklen Kräften stellt und ihnen zustimmt, ist verbunden mit seinen Wurzeln und mit den Quellen seiner Kraft. Solche Menschen sind mehr als gut oder böse. Sie sind im Einklang mit etwas Größerem und seiner Tiefe und Kraft.

Das Eigene

Nun gibt es Schlimmes oder Schweres, das zu uns gehört als unser persönliches Schicksal. Zum Beispiel eine Erbkrankheit, oder schlimme Umstände unserer Kindheit, oder eine persönliche Schuld. Wenn wir diesem Schweren zustimmen und es hineinnehmen in unseren Lebensvollzug, wird es für uns zu einer Quelle der Kraft.

Wenn aber jemand gegen dieses Schicksal aufbegehrt, zum Beispiel gegen eine Kriegsverletzung, dann nimmt er dem Schicksal die Kraft. Das gleiche gilt für die persönliche Schuld und ihre Folgen.

Das Fremde

In Familiensystemen übernimmt dann oft ein anderer das abgelehnte Schicksal oder die abgelehnte Schuld. Das hat eine doppelt schlimme Wirkung.
Ein fremdes Schicksal oder eine fremde Schuld gibt uns keine Kraft, denn das vermag nur das eigene Schicksal und die eigene Schuld. Doch auch der, von dem wir Schicksal und Schuld übernehmen, wird dadurch geschwächt. Sein Schicksal und seine Schuld verlieren dann auch für ihn ihre Kraft.

Das Schicksal

Wir erleben uns auch dann schuldig, wenn wir vom Schicksal, ohne daß wir es verhindern oder ändern könnten, auf Kosten anderer begünstigt wurden.
Zum Beispiel: Jemand wird geboren, doch seine Mutter stirbt. Er ist sicher unschuldig. Niemand käme auf den Gedanken, ihn deswegen zur Rechenschaft zu ziehen. Doch sein Wissen um die eigene Unschuld kann ihn nicht entlasten. Weil er sein Leben schicksalhaft mit seiner Mutter Tod verknüpft sieht, wird er den Druck der Schuld nie los.
Ein anderes Beispiel: Einem Autofahrer platzt während einer Fahrt ein Reifen. Er kommt ins Schleudern und prallt mit einem anderen zusammen. Der andere stirbt, er selber wird gerettet. Zwar ist er ohne Schuld, doch nun ist sein Leben mit dem Tod und Leiden anderer verwoben, und trotz erwiesener Unschuld weiß er sich in ihrer Schuld.

Ein drittes Beispiel: Jemand erzählt, am Ende des Krieges, als seine Mutter mit ihm schwanger war, reiste sie ins Lazarett zu seinem Vater, um ihn nach Hause in Sicherheit zu bringen. Doch auf der Flucht bedrohte sie ein russischer Soldat. Sie wehrten sich und brachten ihn um. Zwar handelten sie in Notwehr, doch nun wissen sie und auch das Kind sich immer in Schuld. Denn sie leben, wo ein anderer, der seine Pflicht tat, starb.

Bei solch schicksalhafter Schuld und Unschuld erfahren wir uns in jeder Hinsicht als machtlos. Daher können wir sie auch so schwer ertragen. Hätten wir Schuld oder Verdienst, dann hätten wir auch Macht und Einfluß. Doch hier erfahren wir, daß wir im Guten wie im Bösen einem unberechenbaren Schicksal ausgeliefert sind, das unabhängig von unserem Gutsein oder Bösesein über Tod und Leben, Rettung und Unglück, Heil oder Verderben entscheidet.

Diese schicksalhafte Ohnmacht ist für viele so erschrekkend, daß sie das gewonnene Glück oder Leben lieber wegwerfen, als daß sie es als Gnade nehmen. Oft versuchen sie wenigstens nachträglich eine persönliche Schuld oder ein persönliches Verdienst ins Spiel zu bringen, um so vielleicht doch noch dem Ausgeliefertsein an unverdiente Rettung oder unverschuldete Schuld zu entgehen.

Das übliche Reaktionsmuster bei schicksalhafter Schuld ist, daß der, der auf Kosten von anderen im Vorteil ist, diesen Vorteil einschränkt, oder ihn aufgibt oder wegwirft. Zum Beispiel durch Selbstmord, Krankwerden oder indem er im wirklichen moralischen Sinn schuldig wird und dafür eine Strafe erleidet.

Solche Lösungen haben mit magischem Denken zu tun und sind eine kindhafte Form der Verarbeitung von un-

verdientem Glück. Denn genau betrachtet wird das Unglück dadurch nicht kleiner, sondern größer.
Wenn zum Beispiel ein Kind, dessen Mutter bei der Geburt starb, sich in seinem Leben einschränkt oder sich umbringt, dann war das Opfer der Mutter umsonst, und die Mutter wird gleichsam auch noch für das Unglück des Kindes verantwortlich gemacht.
Wenn aber das Kind sagt: »Liebe Mutter, wenn du schon dein Leben bei meiner Geburt verloren hast, dann soll es nicht umsonst gewesen sein, ich mache etwas daraus dir zum Andenken«, dann wird der Druck der schicksalhaften Schuld zum Motor für ein Leben, in dem Taten möglich sind, für die andere nicht die Kraft aufbringen könnten. Dann hat das Opfer der Mutter eine gute Wirkung über ihren Tod hinaus. Das wirkt versöhnend und schafft Frieden.
Auch hier stehen alle Beteiligten unter dem Druck nach Ausgleich. Denn wer vom Schicksal bekommen hat, der will auch Entsprechendes geben, und wenn er nicht geben kann, so will er sich wenigstens Entsprechendes versagen. Doch die gewohnten Wege führen hier ins Leere, denn das Schicksal kümmert sich weder um unsere Ansprüche noch um unsere Wiedergutmachung, noch um unsere Sühne.

Die Demut

Es ist die eigene Unschuld, welche die schicksalhafte Schuld so schwer erträglich macht. Wäre ich schuldig und würde bestraft, oder wäre ich unschuldig und würde gerettet, dann dürfte ich annehmen, das Schicksal sei einer moralischen

Ordnung und Regel unterworfen, und ich könnte es durch Schuld oder Unschuld beeinflussen und lenken. Werde ich aber unabhängig von meiner Schuld oder Unschuld gerettet, während andere, egal ob schuldig oder unschuldig, zugrunde gehen, dann bin ich in jeder Hinsicht diesen Mächten ausgeliefert und werde unausweichlich mit der schicksalhaften Ohnmacht meiner Schuld und Unschuld konfrontiert.

Als einziger Ausweg bleibt mir dann nur die Unterwerfung, das willige Sich-Einfügen in einen übermächtigen Zusammenhang, sei es zu meinem Glück oder auch zu meinem Unglück. Die solchem Handeln zugrunde liegende Haltung nenne ich Demut. Sie erlaubt es mir, mein Leben und mein Glück zu nehmen, solange es dauert, unabhängig von dem Preis, den andere dafür bezahlen. Sie läßt mich auch dem eigenen Tod und schwerem Schicksal zustimmen, wenn ich an der Reihe bin, was immer es mit meiner Schuld und Unschuld auch auf sich haben mag.

Diese Demut macht ernst mit der Erfahrung, daß nicht ich das Schicksal bestimme, sondern das Schicksal mich. Daß es mich aufnimmt, trägt und fallen läßt nach Gesetzen, deren Geheimnis ich nicht lüften kann und darf. Diese Demut ist die der schicksalhaften Schuld und Unschuld gemäße Antwort. Sie macht mich den Opfern gleich und ebenbürtig. Sie erlaubt es mir, sie zu ehren, nicht indem ich das, was ich auf ihre Kosten habe, einschränke oder wegwerfe, sondern gerade dadurch, daß ich es trotz des hohen Preises dankbar nehme, dann aber auch anderen etwas davon weitergebe.

*

Ich habe heute in erster Linie von der Schuld und Unschuld beim Nehmen und Geben gesprochen. Schuld und Unschuld haben aber vielerlei Gesichter, und sie wirken auf vielerlei Weisen. Denn menschliche Beziehungen sind ein Zusammenspiel von unterschiedlichen Bedürfnissen und Ordnungen, die sich auch mit unterschiedlichen Erlebnisweisen von Schuld und Unschuld durchzusetzen suchen. Diese anderen Erlebnisweisen von Schuld und Unschuld werde ich behandeln, wenn ich über die Grenzen des Gewissens und über Ordnungen der Liebe rede.

Ich sage aber noch etwas über:

Ordnung und Fülle

Ordnung ist die Art und Weise,
wie Unterschiedliches zusammenwirkt.
Ihr eignen daher Vielfalt und Fülle.

Sie steht im Austausch, eint das Verstreute,
und sammelt es in den Vollzug.
Ihr eignet daher Bewegung.

Sie bannt Vergängliches in eine Form,
die Fortbestand verheißt.
Ihr eignet daher Dauer.

Doch wie ein Baum, bevor er fällt,
aus sich die Frucht entläßt, die ihn überdauert,
geht auch die Ordnung mit der Zeit.
Ihr eignen daher Erneuerung und Wandel.

Ordnungen, die leben,
schwingen und entfalten sich.
Sie treiben uns und nehmen uns in Zucht
durch Sehnsucht und durch Furcht.
Indem sie Grenzen setzen, geben sie auch Raum.

Sie liegen jenseits dessen, was uns trennt.

Geschichten, die zu denken geben

Geschichten können sagen, was sonst nicht ausgesprochen werden darf. Denn was sie zeigen, wissen sie auch zu verhüllen, und ihre Wahrheit wird erahnt, wie hinter einem Schleier das Gesicht der Frau.
Uns geht es dann, wenn wir sie hören, wie jemand, der in eine Kathedrale tritt. Er sieht die Fenster leuchten, weil er im Dunkeln steht. Bei vollem Licht betrachtet, bleibt von den Bildern nur die Fassung.

Die Täuschung

Ein alter König kam zum Sterben, und da er sich noch Sorgen um die Zukunft seines Reiches machte, rief er seinen treuesten Diener, mit Namen Johannes, weihte ihn in ein Geheimnis ein und bat ihn: »Nimm dich meines Sohnes an, denn er ist noch unerfahren, und diene ihm so treu wie mir!«
Der treue Johannes kam sich wichtig vor – er war ja nur ein Diener –, und ohne daß er Schlimmes ahnte, hob er seine Hand zum Schwur und sagte: »Ich werde dein Geheimnis hüten und deinem Sohne treu sein, so wie dir, und wenn es mich mein Leben kostet.«
Dann starb der König, und als man ihn betrauert hatte, führte der treue Johannes den jungen König durch das Schloß, öffnete ihm alle Räume und zeigte ihm die Schätze des Reiches. Doch an einer Tür ging er vorbei.

Als der König – ungeduldig – auch diese Tür geöffnet haben wollte, warnte ihn der treue Johannes, das habe sein Vater verboten. Doch als der König – trotzig – sie mit Gewalt aufzubrechen drohte, gab ihm der treue Johannes nach. Er öffnete auch diese Tür, lief aber schnell voraus und stellte sich noch vor ein Bild, damit der König es nicht sähe. Doch der König drückte ihn zur Seite, sah das Bild und fiel in Ohnmacht. Denn es war ein Bild der Königstochter vom Goldenen Dach.

Als er wieder zu sich kam, war er immer noch von Sinnen, denn er dachte nur noch, wie er sie zur Frau gewinne. Doch offen um sie anzuhalten schien ihm zu gewagt, denn ihr Vater hatte bisher jeden Werber abgewiesen. Und so ersannen der treue Johannes und er eine List.

Weil, wie sie erkundet hatten, das Herz der Königstochter vom Goldenen Dach an allem, was von Gold war, hing, nahmen sie aus dem königlichen Schatz das goldene Geschmeide und das goldene Geschirr, packten alles auf ein Schiff und fuhren übers Meer bis vor die Stadt, in der die Königstochter wohnte. Dort nahm der treue Johannes etwas von dem Gold und bot es heimlich vor dem Schloß zum Kauf an.

Als die Königstochter davon hörte, kam sie, um sich alles anzuschauen, und als der treue Johannes ihr erzählte, sie hätten noch viel mehr davon auf ihrem Schiff, überredete er sie, mit auf das Schiff zu kommen. Dort empfing sie der König, als Handelsmann verkleidet, und er fand sie noch viel schöner, als er sie auf dem Bild gesehen hatte. Er führte sie ins Innere und zeigte ihr die goldenen Schätze.

Inzwischen wurden die Anker gelichtet und die Segel gesetzt, und das Schiff stach wieder in See. Die Königstochter merkte es und war verwirrt. Doch dann begriff sie,

was im Gange war und wie es Wünschen, die sie selber insgeheim gehegt, entgegenkam. Und sie spielte mit.
Als sie sich alles angesehen hatte, blickte sie nach draußen, sah das Schiff schon weit vom Land und schien erschrokken. Der König aber nahm sie bei der Hand und sagte: »Du brauchst keine Angst zu haben! Ich bin kein Handelsmann, ich bin ein König, und ich habe dich so lieb, daß ich dich bitte, meine Frau zu werden.« Sie sah ihn an und fand ihn freundlich, schaute auf das Gold und sagte ja.
Der treue Johannes aber saß am Steuer, und als er noch vergnügt ein Liedchen pfiff, weil seine List so gut gelungen war, flogen drei Raben herbei, setzten sich auf den Mast und begannen miteinander zu reden.
Der erste Rabe sagte: »Der König hat die Königstochter noch lange nicht. Denn wenn sie an Land kommen, wird ihm ein feuerrotes Roß entgegenspringen, und er wird sich hinaufschwingen, um mit ihm ins Schloß zu reiten. Doch es sprengt mit ihm davon, und er wird nie mehr gesehen werden.« Der zweite Rabe sagte: »Es sei denn, es kommt ihm einer zuvor, schwingt sich auf das Roß, nimmt das Gewehr, das in seinem Halfter steckt, und schießt es damit tot.« Und der dritte Rabe sagte: »Wenn es aber einer weiß und verrät, wird er zu Stein, von der Zehe bis zum Knie.«
Der zweite Rabe sagte: »Auch wenn das erste gutgeht, hat der König die Königstochter immer noch nicht. Denn wenn er in sein Schloß kommt, liegt dort ein Festgewand, und er wird hingehen, um es anzuziehen. Doch es wird ihn wie Pech und Schwefel bis auf die Knochen verbrennen.« Der dritte Rabe sagte: »Es sei denn, es kommt ihm einer zuvor, nimmt es mit Handschuhen und wirft es ins Feuer.« Und der erste Rabe sagte: »Wenn es aber einer weiß und verrät, wird er zu Stein, vom Knie bis zum Herzen.«

Der dritte Rabe sagte: »Auch wenn das zweite gutgeht, hat der König sie immer noch nicht. Denn wenn der Hochzeitstanz beginnt, wird die Königin erbleichen und wie tot zu Boden sinken. Und wenn nicht gleich einer hingeht und ihr das Mieder öffnet, ihre rechte Brust herausnimmt und drei Blutstropfen aus ihrer rechten Brust saugt und wieder ausspuckt, wird sie sterben.« Und der zweite Rabe sagte: »Wenn es aber einer weiß und verrät, wird er zu Stein, vom Herzen bis zum Scheitel.«

Da wußte der treue Johannes, jetzt wird es ernst. Doch getreu seinem Eid nahm er sich vor, alles zu tun, um den König und die Königin zu retten, und wenn es ihn sein Leben koste.

Als sie an Land kamen, geschah es genau so, wie es die Raben vorausgesagt hatten. Ein feuerrotes Roß sprengte daher, und noch bevor der König sich hinaufschwingen konnte, schwang sich der treue Johannes hinauf, nahm das Gewehr und schoß es tot. Da sagten die anderen Diener: »Was der sich herausnimmt! Jetzt wollte der König auf dem schönen Roß ins Schloß reiten, doch er schießt es einfach tot. Man darf ihm das nicht durchgehen lassen!« Der König aber sagte: »Er ist mein treuer Johannes. Wer weiß, wofür es gut war.«

Als sie das Schloß betraten, lag dort das Festgewand, und noch bevor der König hingehen und es anziehen konnte, nahm es der treue Johannes mit Handschuhen und warf es ins Feuer. Da sagten die anderen Diener: »Was der sich herausnimmt! Jetzt wollte der König das schöne Gewand anziehen, doch er wirft es vor seinen Augen ins Feuer. Man darf ihm das nicht durchgehen lassen!« Der König aber sagte: »Er ist mein treuer Johannes. Wer weiß, wofür es gut war.«

Dann wurde die Hochzeit gefeiert, und als der Hochzeitstanz begann, wurde die Königin bleich und sank wie tot zu Boden. Der treue Johannes aber war sofort an ihrer Seite, und noch ehe der König sich etwas zu tun getraute –, denn er war ja unerfahren, öffnete ihr der treue Johannes das Mieder, nahm ihre rechte Brust heraus, sog drei Blutstropfen aus ihrer rechten Brust und spuckte sie wieder aus. Da öffnete sie ihre Augen und war wieder gesund.
Da schämte sich der König, und als er seine Diener lästern hörte, das gehe nun wirklich zu weit, und wenn er dem treuen Johannes auch das noch durchgehen lasse, habe er sein Ansehen verspielt, rief er das Gericht zusammen und verurteilte den treuen Johannes zum Tod am Galgen.
Der treue Johannes aber überlegte, ob er, was ihm die Raben anvertraut, verraten solle; denn er dachte: »Sterben muß ich in jedem Fall. Wenn ich es nicht verrate, sterbe ich am Galgen, und wenn ich es verrate, werde ich zu Stein.« Doch dann entschloß er sich, es lieber zu verraten, denn er sagte sich: »Vielleicht macht die Wahrheit sie frei.«
Als er vor seinem Henker stand und wie andere Verbrecher auch noch ein paar Worte sagen durfte, erzählte er vor allem Volk, warum er, was so schlimm erschien, getan, und als er fertig war, fiel er um und war ein Stein. So starb er.
Das ganze Volk schrie auf vor Schmerz, und der König und die Königin zogen sich zurück auf ihr Schloß und in ihre Kammer. Dort blickte die Königin den König an und sagte: »Ich habe die Raben auch gehört, aber nichts gesagt, aus Angst, ich würde zu Stein.« Der König aber flüsterte ihr ins Ohr: »Ich hörte sie auch!«
Aber das ist noch nicht das Ende der Geschichte; denn der König getraute sich nicht, den zu Stein gewordenen Johannes zu begraben, und so stellte er ihn als ein Denkmal

vor sein Schloß. Wenn er an ihm vorüberging, seufzte er und sagte: »Ach, mein treuer Johannes, wie schade!« Doch bald hatte er andere Gedanken im Kopf, denn die Königin wurde schwanger, und nach einem Jahr gebar sie ihm Zwillinge, zwei herzige Knaben.

Als die beiden Knaben drei Jahre alt waren, ließ es dem König keine Ruhe mehr, und er sagte zu seiner Frau: »Wir müssen etwas tun, um den treuen Johannes wieder zum Leben zu erwecken, und es wird uns auch gelingen, wenn wir das Liebste opfern, was wir haben.« Da erschrak die Königin und sagte: »Unser Liebstes, das sind doch unsere Kinder!« »Ja,« sagte der König.

Am nächsten Morgen nahm er ein Schwert, hieb seinen Söhnen die Köpfe ab und goß ihr Blut über den zu Stein gewordenen treuen Johannes, in der Hoffnung, er würde wieder lebendig. Doch er blieb ein Stein.

Da schrie die Königin auf und sagte: »Das ist das Ende!« Sie zog sich zurück in ihre Kammer, packte ihre Sachen, und nach drei Tagen fuhr sie wieder heim in ihr Land. Der König aber ging ans Grab seiner Mutter und weinte dort lange.

*

Wer jetzt versucht sein sollte, das Märchen, wie es überliefert wurde, nachzulesen, der findet dort, wenn er es achtsam liest, das gleiche, was er hier gehört. Doch wird er dort zugleich das eigentliche Märchen finden, das ihm, wenn er den nackten Anblick seiner Wahrheit scheut, das Schreckliche durch etwas Schönes gerade noch erträglich macht, und seine Angst, als sei sein Himmel leer, durch eine trügerische Hoffnung bannt.

Die Liebe

Einem Mann träumte in der Nacht, er habe die Stimme Gottes gehört, die ihm sagte: »Steh auf, nimm deinen Sohn, deinen einzigen geliebten, führe ihn auf den Berg, den ich dir zeigen werde, und bringe ihn mir dort zum Schlachtopfer dar!«

Am Morgen stand der Mann auf, schaute seinen Sohn an, seinen einzigen geliebten, schaute seine Frau an, die Mutter des Kindes, schaute seinen Gott an.

Er nahm das Kind, führte es auf den Berg, baute einen Altar, band ihm die Hände, zog das Messer und wollte es schlachten. Doch da hörte er noch eine andere Stimme, und er schlachtete, statt seines Sohnes, ein Schaf.

Wie schaut der Sohn den Vater an?
Wie der Vater den Sohn?
Wie die Frau den Mann?
Wie der Mann die Frau?
Wie schauen sie Gott an?
Und wie schaut Gott – wenn es ihn gibt – sie an?

Noch einem anderen Mann träumte in der Nacht, er habe die Stimme Gottes gehört, die ihm sagte: »Steh auf, nimm deinen Sohn, deinen einzigen geliebten, führe ihn auf den Berg, den ich dir zeigen werde, und bringe ihn mir dort zum Schlachtopfer dar!«

Am Morgen stand der Mann auf, schaute seinen Sohn an, seinen einzigen geliebten, schaute seine Frau an, die Mutter des Kindes, schaute seinen Gott an. Er gab zur Antwort, ihm ins Angesicht: »Ich tue das nicht!«

Wie schaut der Sohn den Vater an?
Wie der Vater den Sohn?
Wie die Frau den Mann?
Wie der Mann die Frau?
Wie schauen sie Gott an?
Und wie schaut Gott – wenn es ihn gibt – sie an?

Das Nicht

Ein Mönch, der auf der Suche war,
bat einen Händler auf dem Markt
um eine Gabe.

Der Händler hielt noch einen Blick lang inne
und fragte ihn, als er sie gab:
»Wie kann es sein, daß du von mir,
was dir zum Leben fehlt, erbitten,
doch mich und meine Lebensweise,
die es dir gewähren,
für minder achten mußt?«

Der Mönch gab ihm zur Antwort:
»Verglichen mit dem Letzten, das ich suche,
erscheint das andere gering.«

Der Händler aber fragte weiter:
»Wenn es ein Letztes gibt,
wie kann es etwas sein,
das einer suchen oder finden könnte,
als läge es am Ende eines Weges?
Wie könnte einer je
zu ihm sich wegbegeben und so,

als sei es unter anderem und vielem eines,
mehr als die anderen und vielen
seiner habhaft werden?
Und wie könnte umgekehrt
von ihm sich einer wegbegeben
und weniger als andere
von ihm getragen
oder ihm zu Diensten sein?«

Der Mönch entgegnete:
»Das Letzte findet,
wer dem Nahen und dem Jetzigen
entsagt.«

Der Händler aber überlegte weiter:
»Wenn es ein Letztes gibt,
dann ist es jedem nah,
wenn auch, so wie in jedem Sein ein Nicht
und wie in jedem Jetzt ein Vorher und ein Nachher,
in dem, was uns erscheint
und was verweilt,
verborgen.

Verglichen mit dem Sein,
das wir vorübergehend und begrenzt erfahren,
scheint uns das Nicht unendlich,
wie das Woher und das Wohin,
verglichen mit dem Jetzt.

Doch offenbart das Nicht sich uns
im Sein,
wie das Woher und das Wohin
im Jetzt.

Das Nicht ist wie die Nacht
und wie der Tod
ungewußter Anfang
und schlägt im Sein für uns nur kurz,
so wie ein Blitz,
das Auge auf.

So kommt das Letzte auch uns nur im Nahen
nah,
und es leuchtet
jetzt.«

Nun fragte auch der Mönch:
»Wenn, was du sagst, die Wahrheit wäre,
was bliebe noch
für mich und dich?«

Der Händler sprach:
»Uns bliebe noch,
für eine Zeit,
die Erde.«

Der Glaube

Jemand erzählt, er habe zweien zugehört, die sich darüber unterhielten: »Wie hätte Jesus reagiert, hätte er einem Kranken zugerufen: ›Steh auf, nimm dein Bett und geh nach Hause‹, und der hätte geantwortet: ›Ich will aber nicht‹?«
Schließlich meinte einer von den beiden: »Wahrscheinlich hätte Jesus zuerst geschwiegen. Doch dann hätte er sich zu seinen Jüngern gewandt und gesagt: ›Der gibt Gott mehr Ehre als ich‹.«

Solche Geschichten ärgern uns vielleicht zuerst, weil sie gewohnter Konsequenz und Logik widersprechen. Doch dann erahnen wir – grenzüberschreitend – einen Sinn, der weder durch Erklärung deutlich noch durch Widerspruch erschüttert werden kann. Und so halten sie gefangen.
Oft müssen wir daher in wesentlichen Fragen gleichzeitig mehrerer Ansicht sein. Denn Fülle schließt die Widersprüche ein, nicht aus, und auch das Gegenteil erscheint uns dann nur als *ein* Teil von vielen, der anderes ergänzt, doch nicht ersetzt.

Der Anspruch

Im Lande Aram – das ist dort, wo heute Syrien liegt – lebte in alter Zeit ein Feldherr, der seinem König lieb und teuer war und erst durch seine Kraft und Tapferkeit berühmt, doch dann, von schwerer Krankheit heimgesucht, mit niemand mehr Kontakt aufnehmen durfte – nicht einmal mit seiner Frau: Denn er hatte Aussatz.
Da hörte er von einer Sklavin, in ihrer Heimat gäbe es einen Mann, der wisse, wie man seine Krankheit heile. Und so zog er ein großes Gefolge zusammen, nahm zehn Talente Silber, sechstausend Goldstücke, zehn Festgewänder, dazu noch ein Empfehlungsschreiben seines Königs und machte sich auf diesen Weg.
Nach langem Marsch und manchem Umweg erreichte er das Haus, in dem der Heiler wohnte, und er rief laut um Einlaß.
Da stand er nun mit seinem ganzen Gefolge und mit allen seinen Schätzen, hielt das Empfehlungsschreiben seines

Königs in der Hand und wartete. Doch niemand nahm Notiz von ihm. Er wurde schon ein bißchen ungeduldig und nervös, da öffnete sich eine Tür, ein Diener kam heraus, ging auf ihn zu und sagte: »Mein Herr läßt melden: ›Wasche dich im Jordan, dann wirst du wieder heil!‹«

Da glaubte sich der Feldherr lächerlich gemacht und auf den Arm genommen. »Was?« sagte er, »das hier, das soll ein Heiler sein? Der hätte doch zumindest selber zu mir kommen, seinen Gott anrufen, ein langes Ritual eröffnen und jede wunde Stelle meiner Haut mit seiner Hand berühren müssen! Das hätte mir vielleicht geholfen. Und nun soll ich nur in diesem Jordan baden?« Und wutentbrannt drehte er sich um und machte sich auf den Weg zurück.

Das ist das eigentliche Ende der Geschichte. Weil sie aber nur ein Märchen ist, geht sie doch noch gut aus.

Als der Feldherr schon einen Tag lang auf dem Heimweg war, kamen abends seine Diener und redeten ihm gütlich zu. »Lieber Vater«, sagten sie, »hätte dieser Heiler etwas Ungewöhnliches von dir verlangt, zum Beispiel, daß du ein Schiff besteigst, in ferne Länder fährst, dich fremden Göttern unterwirfst, jahrelang nur noch die eigenen Gedanken liest, und dein Vermögen wäre dabei draufgegangen, du hättest es bestimmt gemacht. Doch nun hat er von dir nur etwas ganz Gewöhnliches verlangt.« Und er ließ sich überreden.

Mißmutig und übelgelaunt ging er zum Jordan, wusch sich widerwillig in dem Wasser, und es geschah ein Wunder.

Als er zurück nach Hause kam, hätte seine Frau sehr gern erfahren, wie es ihm ergangen war. »Ach!« sagte er, »es geht mir wieder gut. Aber sonst war überhaupt nichts los.«

*

Wer einmal angefangen hat, Geschichten, die er hört, zu unterscheiden, der fällt auf scheinbar Schönes nicht so schnell herein. Er prüft an einer inneren Instanz, die mehr weiß, als die Worte sagen, ob was er hört und fühlt ihn kräftigt, fördert, nährt, zum Handeln fähig macht und sammelt, oder ihn schwächt, beengt, ihn außer sich geraten läßt und lähmt.
Was wirklich hilft, das überschreitet manchmal die gewohnten Grenzen und birgt das Risiko des Scheiterns und der Schuld.

Die Hilfe

Jemand tritt aus seinem Haus, zwängt sich durch eine Menschenmenge auf dem Markt und weiter durch die enge Gasse, erreicht die Ausfallstraße und die Kreuzung. Plötzlich kreischen Bremsen, ein Bus gerät ins Schleudern, Menschen schreien auf: Dann hört er den Zusammenprall.
Er weiß nicht mehr, wie ihm geschieht: Er flieht, so schnell ihn seine Füße tragen, zurück, erst durch die Ausfallstraße und weiter durch die enge Gasse, zwängt sich durch den dichtgedrängten Markt, erreicht sein Haus, stürmt durch die Außentür und schließt sie hinter sich, stürzt die Treppen hoch zu seiner Wohnung, schließt die Türe hinter sich, läuft einen Gang entlang bis in die letzte kahle Kammer, schließt ihre Türe hinter sich – und atmet auf.
Da steht er nun: entronnen, eingeschlossen und allein. So sehr sitzt ihm der Schock noch in den Gliedern, daß er sich nicht zu rühren wagt. Dann wartet er.

Am nächsten Morgen vermißt ihn seine Freundin. Sie geht ans Telefon, versucht ihn anzurufen, doch niemand meldet sich. Sie eilt zu seinem Haus, läutet an der Außentür, doch niemand reagiert. Sie geht zur Polizei, erbittet Unterstützung, kommt zurück mit zwei Beamten. Sie öffnen erst die Außentür, stürzen die Treppen hoch zur Wohnungstür, öffnen sie, laufen den Gang entlang bis vor die letzte Kammer, klopfen, warten eine Weile, öffnen auch die Kammertür und finden, ganz erstarrt, den Mann.
Die Freundin dankt den beiden Helfern und bittet sie zu gehen. Sie wartet eine Weile, merkt, daß sie noch nichts machen kann, verspricht, daß sie am nächsten Morgen wiederkommt, und geht.
Am nächsten Morgen findet sie die Außentüre offen, doch die Wohnung noch verschlossen. Sie öffnet sie, geht weiter bis zur letzten Kammer, öffnet sie und findet ihren Freund. Da er nichts sagt, erzählt sie ihm, was sie erlebt hat, als sie zu ihm kam: wie Sonne durch die Wolken schien, Vögel in den Zweigen zwitscherten, Kinder Fangen spielten und die Stadt in ihrem Rhythmus dröhnte. Sie merkt, daß sie auch diesmal noch nichts machen kann, verspricht, daß sie am nächsten Morgen wiederkommt, und geht.
Am nächsten Morgen findet sie sowohl die Außentüre wie die Wohnungstüre offen, geht weiter bis zur letzten Kammer, öffnet sie und findet ihren Freund noch immer starr. Sie wartet eine Weile und erzählt, wie sie am Abend noch im Zirkus war, vom bunten Treiben, das dort herrschte, der flotten Marschmusik, der lauten Stimmung, der Spannung, als die Löwen kamen, und der Erleichterung, als alles gutgegangen war; auch von den Späßen eines Clowns, den edlen weißbebuschten Pferden, dem fröhlichen Gedränge. Dann, als sie fertig ist, verspricht sie: »Morgen komm ich wieder.«

Am nächsten Morgen steht sogar die Kammertüre offen. Doch niemand kommt.
Nun hält es den verschreckten Mann nicht länger in dem Haus. Er schließt die Kammertüre hinter sich, dann auch die Wohnungstür, tritt durch die Außentür ins Freie, zwängt sich durch eine Menschenmenge auf dem Markt und weiter durch die enge Gasse, erreicht die Ausfallstraße, überquert die Kreuzung – und sucht entschlossen seine Freundin.

*

Manche Geschichten rühren uns, und einen Augenblick lang mag es scheinen, als seien Tod und Trennung außer Kraft gesetzt. Wenn wir sie hören, bringen sie Entlastung, wie ein Glas Wein am Abend. Wir schlafen danach besser. Am nächsten Morgen aber stehen wir wieder auf und gehen an die Arbeit.
Andere, wenn sie den Wein getrunken haben, bleiben liegen, und es bräuchte jemand, der sie wieder aufzuwekken weiß. Und so erzählt er ihnen die Geschichten etwas anders, macht aus dem süßen Gift ein Gegengift, und manchmal wachen sie dann wieder auf und sind dem Zauberbann vielleicht entrückt.

Das Ende

Harold, ein junger Mann von zwanzig Jahren, der öfters tat, als sei er mit dem Tod auf du und du, und andere damit schockierte, erzählte einem Freund von seiner großen Liebe, der nun schon achtzigjährigen Maude: wie er mit ihr Geburtstag und Verlobung feiern wollte, und wie sie mitten in der Fröhlichkeit gestand, sie habe Gift genommen, und um Mitternacht sei es mit ihr vorbei. Der Freund besann sich eine Weile, und dann erzählte er ihm eine Geschichte.

»Auf einem winzigen Planeten lebte einst ein kleiner Mensch, und weil er dort der einzige war, nannte er sich Prinz. Das heißt: der Erste und der Beste. Doch außer ihm gab es noch eine Rose dort. Sie hatte früher wunderbar geduftet, jetzt aber schien sie dauernd am Verwelken, und der kleine Prinz – er war ja noch ein Kind – hatte alle Hände voll zu tun, um sie am Leben zu erhalten. Tagsüber mußte er sie gießen und in der Nacht vor Kälte schützen. Doch wenn er selber etwas von ihr haben wollte – so wie es früher manchmal möglich war –, zeigte sie ihm ihre Dornen. Kein Wunder, daß er es im Lauf der Jahre satt war. Und so entschloß er sich zu gehen.
Zunächst besuchte er Planeten in der Nachbarschaft. Sie waren winzig wie sein eigener, und ihre Prinzen waren fast so wunderlich wie er. Dort hielt ihn nichts.
Dann aber kam er auf die schöne Erde und fand den Weg in einen Rosengarten. Es müssen Tausende gewesen sein, eine schöner als die andere, und die Luft war süß und schwer von ihrem Duft. Nie hätte er sich träumen lassen, daß es so viele Rosen gab, denn bisher kannte er nur eine, und er war hingerissen von ihrer Süße und von ihrer Pracht.
Doch unter diesen Rosen entdeckte ihn ein schlauer Fuchs. Er stellte sich, als sei er scheu, und als er sah, daß er den fremden Mann beschwatzen konnte, sagte er: ›Du hältst die vielen Rosen hier vielleicht für schön. Doch sie sind nichts Besonderes. Sie wachsen wie von selbst und brauchen wenig Pflege. Doch deine ferne Rose dort ist einzig-

artig. Denn sie ist anspruchsvoll und steht allein. Geh wieder heim zu ihr!‹
Da wurde der kleine Prinz verwirrt und traurig und nahm den Weg, der in die Wüste führt. Dort traf er einen Flieger, der notgelandet war. Er hoffte, daß er bei ihm bleiben dürfe, doch der war nur ein Luftikus und wollte sich nur unterhalten. Und so erzählte ihm der kleine Prinz, er gehe wieder heim zu seiner Rose.
Sobald es aber Nacht geworden war, schlich er sich fort zu einer Schlange. Er tat, als wolle er sie treten: Da biß sie zu. Er zuckte noch, dann war er still. So starb er.
Am nächsten Morgen fand der Flieger seine Leiche. ›Schlauberger!‹ dachte er, und dann verscharrte er den Rest im Sand.«

Harold – so war später zu vernehmen – soll Maude's Begräbnis ferngeblieben sein. Statt dessen habe er – zum erstenmal seit Jahren – Rosen auf seines Vaters Grab gelegt.

Leben und Tod

Wenn zwei Zulus sich begegnen, sagt der eine: »Ich habe dich gesehen. Bist du noch am Leben?«
»Ja«, gibt der andere zur Antwort, »ich bin noch da. Und du?«
»Auch ich bin noch am Leben.«

Wenn ein Fremder einen Zulu, der scheinbar nichts tut, fragt: »Hast du denn keine Langeweile?«, antwortet er: »Ich lebe doch!« Denn ihm fehlt nichts, was seinem Leben zusätzlich Inhalt geben müßte oder Sinn.

Die gleiche Haltung finden wir bei einem der Getreuen Konradins, des letzten Staufers, der als Gefangener auf einer Burg mit seinem Freund beim Schachspiel saß, als ihm ein Bote Nachricht brachte: »In einer Stunde wirst du hingerichtet.« Er sagte: »Spielen wir weiter!«

Der Gast

Irgendwo, weit weg von hier, dort, wo einmal der Wilde Westen war, wandert einer mit dem Rucksack auf dem Rücken durch weites menschenleeres Land. Nach stundenlangem Marsch – die Sonne steht schon hoch und sein Durst wird groß – sieht er am Horizont ein Farmhaus. »Gott sei Dank!« denkt er, »endlich wieder mal ein Mensch in dieser Einsamkeit. Bei ihm kehre ich ein, bitte ihn um etwas zu trinken, und vielleicht setzen wir uns noch auf die Veranda und unterhalten uns, bevor ich wieder weiterziehe.« Und er malt sich aus, wie schön es sein wird.
Als er aber näher kommt, sieht er, wie der Farmer sich im Garten vor dem Haus zu schaffen macht, und ihn befallen erste Zweifel. »Wahrscheinlich hat er viel zu tun, und wenn ich sage, was ich möchte, falle ich ihm lästig; und er könnte meinen, ich sei unverschämt.« Als er dann an die Gartentüre kommt, winkt er dem Farmer nur und geht vorbei.
Der Farmer seinerseits sah ihn schon von Ferne, und er freute sich. »Gott sei Dank! Endlich wieder mal ein Mensch in dieser Einsamkeit. Hoffentlich kommt der zu mir. Dann werden wir zusammen etwas trinken, und vielleicht setzen

wir uns noch auf die Veranda und unterhalten uns, bevor er wieder weiterzieht.« Und er ging ins Haus, um schon Getränke kalt zu stellen.

Als er den Fremden aber näher kommen sah, begann auch er zu zweifeln. »Er hat es sicher eilig, und wenn ich sage, was ich möchte, falle ich ihm lästig; und er könnte meinen, ich dränge mich ihm auf. Doch vielleicht ist er durstig und will von sich aus zu mir kommen. Am besten ist, ich gehe in den Garten vor dem Haus und tue so, als ob ich mir zu schaffen mache. Dort muß er mich ja sehen, und wenn er wirklich zu mir will, wird er es schon sagen.« Als dann der andere nur herüberwinkte und seines Weges weiterzog, sagte er: »Wie schade!«

Der Fremde aber wandert weiter. Die Sonne steigt noch höher, und sein Durst wird größer, und es dauert Stunden, bis er am Horizont ein anderes Farmhaus sieht. Er sagt sich: »Diesmal kehre ich bei dem Farmer ein, ob ich ihm lästig falle oder nicht. Ich habe solchen Durst, ich brauche etwas zu trinken.«

Doch auch der Farmer sah ihn schon von Ferne und dachte: »Der kommt doch hoffentlich nicht zu mir. Das fehlte mir gerade noch. Ich habe viel zu tun und kann mich nicht auch noch um andere Leute kümmern.« Und er machte mit der Arbeit weiter, ohne aufzublicken.

Der Fremde aber sah ihn auf dem Feld, ging auf ihn zu und sagte: »Ich habe großen Durst. Bitte gib mir zu trinken.« Der Farmer dachte: »Abweisen darf ich ihn jetzt nicht, schließlich bin auch ich ein Mensch.« Er führte ihn zu seinem Haus und brachte ihm zu trinken.

Der Fremde sagte: »Ich habe deinen Garten angeschaut. Man sieht, hier war ein Wissender am Werk, der Pflanzen liebt und weiß, was sie brauchen.« Der Farmer freute sich und sagte: »Ich sehe, auch du verstehst etwas davon.« Er setzte sich, und sie unterhielten sich lange.

Dann stand der Fremde auf und sagte: »Jetzt ist es Zeit für mich zu gehen.« Der Farmer aber wehrte ab. »Schau«, sagte er, »die Sonne steht schon tief. Bleib diese Nacht bei mir. Dann setzen wir uns noch auf die Veranda und unterhalten uns, bevor du morgen weiterziehst.« Und der Fremde stimmte zu.

Am Abend saßen sie auf der Veranda, und das weite Land lag wie verklärt im späten Licht. Als es dann dunkel war, begann der Fremde zu erzählen, wie sich für ihn die Welt verändert habe, seitdem er inne wurde, daß ihn auf Schritt und Tritt ein anderer begleite. Erst habe er es nicht geglaubt, daß einer dauernd mit ihm ging. Daß, wenn er stehenblieb, der andere stand, und wenn er aufbrach, der andere sich mit erhob. Und er brauchte Zeit, bis er begriff, wer dieser sein Begleiter sei.

»Mein ständiger Begleiter«, sagte er, »das ist mein Tod. Ich habe mich so sehr an ihn gewöhnt, daß ich ihn nicht mehr missen will. Er ist mein treuester, mein bester Freund. Wenn ich nicht weiß, was richtig ist und wie es weitergehen soll, dann halte ich ein Weilchen still und bitte ihn um eine Antwort. Ich setze mich ihm aus als Ganzes, gleichsam mit meiner größten Fläche; weiß, er ist dort, und ich bin hier. Und ohne daß ich mich an Wünsche hänge, warte ich, bis mir von ihm zu mir ein Hinweis kommt. Wenn ich gesammelt bin und mich ihm mutig stelle, kommt mir nach einer Zeit von ihm zu mir ein Wort, wie wenn ein Blitz was dunkel war erhellt – und ich bin klar.«

Dem Farmer war die Rede fremd, und er blickte lange schweigend in die Nacht. Dann sah auch er, wer ihn begleitet, seinen Tod, – und er verbeugte sich vor ihm.

Ihm war, als sei was ihm von seinem Leben blieb verwandelt. Kostbar wie Liebe, die um Abschied weiß, und wie die Liebe bis zum Rande voll.
Am nächsten Morgen aßen sie zusammen, und der Farmer sagte: »Auch wenn du gehst, bleibt mir ein Freund.« Dann traten sie ins Freie und reichten sich die Hand. Der Fremde ging seines Weges und der Farmer auf sein Feld.

*

Zum Schluß erzähle ich noch eine der Geschichten, die in dem, der sich ihr überläßt, noch während er sie hört, bewirkt, was sie berichtet.

Das Rasthaus

Jemand wandert durch die Straßen seiner Heimat. Alles scheint ihm hier vertraut, und ein Gefühl von Sicherheit begleitet ihn – und auch von leichter Trauer. Denn vieles blieb ihm auch verborgen, und immer wieder stieß er an verschlossene Türen. Manchmal hätte er am liebsten alles hinter sich gelassen und wäre fortgegangen, weit weg von hier. Doch irgend etwas hielt ihn fest, als ringe er mit einem Unbekannten und könne sich von ihm nicht lösen, bevor er nicht von ihm gesegnet war. Und so fühlt er sich gefangen zwischen Vorwärts und Rückwärts, zwischen Gehen und Bleiben.
Er kommt in einen Park, setzt sich auf eine Bank, lehnt sich zurück, atmet tief und schließt die Augen. Er läßt es sein, das lange Kämpfen, verläßt sich auf die innerliche

Kraft, spürt, wie er ruhig wird und nachgibt, wie ein Schilf im Wind, im Einklang mit der Vielfalt, dem weiten Raum, der langen Zeit.

Er sieht sich wie ein offenes Haus. Wer hinein will, darf auch kommen, und wer kommt, der bringt etwas, bleibt ein wenig – und geht. So ist in diesem Haus ein ständiges Kommen, Bringen, Bleiben – und Gehen. Wer als Neuer kommt und Neues bringt, wird alt, indem er bleibt, und es kommt die Zeit, da wird er gehen.

Es kommen in das offene Haus auch viele Unbekannte, die lang vergessen oder ausgeschlossen waren. Auch sie bringen etwas, bleiben ein wenig – und gehen. Auch die schlimmen Gesellen, denen wir am liebsten die Türe weisen würden, kommen, und auch sie bringen etwas, fügen sich ein, bleiben ein wenig – und gehen. Wer es auch sei, der kommt, er trifft auf andere, die vor ihm kamen und die nach ihm kommen. Da es viele sind, muß jeder teilen. Wer seinen Platz hat, hat auch seine Grenze. Wer etwas will, muß sich auch fügen. Wer gekommen ist, der darf sich auch entfalten, solange er noch bleibt. Er kam, weil andere gingen, und er wird gehen, wenn andere kommen. So bleibt in diesem Haus genügend Zeit und Platz für alle.

Wie die Person so dasitzt, fühlt sie sich wohl in ihrem Haus, weiß sich vertraut mit allen, die kamen und kommen, brachten und bringen, blieben und bleiben, gingen und gehen. Ihr ist, als sei was vorher unvollendet war nun ganz, spürt, wie ein Kampf zu Ende geht und Abschied möglich wird. Ein wenig wartet sie noch auf die rechte Zeit. Dann öffnet sie die Augen, blickt sich noch einmal um, steht auf – und geht.

Die Grenzen des Gewissens

Das Gewissen kennen wir, so wie ein Pferd den Reiter, der es reitet, kennt, und wie ein Steuermann die Sterne, an denen er den Standort mißt und Richtung nimmt. Doch ach! Es reiten viele Reiter auf dem Pferd, und auf dem Schiff schauen viele Steuerleute auch nach vielen Sternen. Die Frage ist, wem fügen sich vielleicht die Reiter, und welche Richtung weist dem Schiff der Kapitän?

Die Antwort

Ein Jünger wandte sich an einen Meister: »Sage mir, was Freiheit ist!«
»Welche Freiheit?« fragte ihn der Meister.
»Die erste Freiheit ist die Torheit. Sie gleicht dem Roß, das seinen Reiter wiehernd abwirft. Doch um so fester spürt es nachher seinen Griff.
Die zweite Freiheit ist die Reue. Sie gleicht dem Steuermann, der nach dem Schiffbruch auf dem Wrack zurückbleibt, statt daß er in die Rettungsboote steigt.
Die dritte Freiheit ist die Einsicht. Sie kommt nach der Torheit und der Reue. Sie gleicht dem Halm, der sich im Winde wiegt und, weil er, wo er schwach ist, nachgibt, steht.«
Der Jünger fragte: »Ist das alles?«
Darauf der Meister: »Manche meinen, sie selber suchten nach der Wahrheit ihrer Seele. Doch die große Seele denkt

und sucht durch sie. Wie die Natur kann sie sich sehr viel Irrtum leisten, denn falsche Spieler ersetzt sie laufend mühelos durch neue. Dem aber, der sie denken läßt, gewährt sie manchmal etwas Spielraum, und wie ein Fluß den Schwimmer, der sich treiben läßt, trägt sie ihn mit vereinter Kraft ans Ufer.«

Schuld und Unschuld

Das Gewissen erfahren wir in unseren Beziehungen, und es hat mit unseren Beziehungen zu tun. Denn jedes Handeln, das auf andere wirkt, wird auch von einem wissenden Gefühl der Unschuld und der Schuld begleitet. Und wie das Auge, wenn es sieht, das Helle und das Dunkle dauernd unterscheidet, so unterscheidet dieses wissende Gefühl in jedem Augenblick, ob unser Handeln der Beziehung schadet oder dient. Was der Beziehung schadet, fühlen wir als Schuld, und was ihr dient, als Unschuld.
Durch das Gefühl der Schuld zieht das Gewissen uns die Zügel an und steuert uns auf Gegenkurs. Durch das Gefühl der Unschuld läßt es uns die Zügel schießen, und ein frischer Wind bläht unserm Schiff die Segel.
Das ist ähnlich wie beim Gleichgewicht. Wie uns ein innerer Sinn mit Hilfe von Gefühlen des Unbehagens und Behagens ständig treibt und steuert, damit wir unser Gleichgewicht bewahren, so treibt und steuert uns ständig ein anderer innerer Sinn mit anderen Gefühlen des Unbehagens und Behagens, damit wir uns in den uns wichtigen Beziehungen halten.

Beziehungen gelingen nach Bedingungen, die uns im wesentlichen vorgegeben sind, ähnlich wie beim Gleichgewicht die Bedingungen von oben und unten, vorne und hinten, rechts und links. Zwar können wir nach vorne oder hinten fallen, wenn wir wollen, oder nach rechts oder links, doch ein uns angeborener Reflex erzwingt den Ausgleich vor der Katastrophe, und so fallen wir zur rechten Zeit zurück ins Lot.

So wacht auch über unsere Beziehungen ein unserer Willkür überlegener Sinn und wirkt wie ein Reflex auf Korrektur und Ausgleich hin, wenn wir von den Bedingungen für ihr Gelingen abgewichen sind und unsere Zugehörigkeit gefährden. Wie unser Sinn für Gleichgewicht, so nimmt auch der Beziehungssinn den einzelnen zusammen mit dem Umfeld wahr, erkennt den Freiraum und die Grenze und steuert ihn durch unterschiedliche Gefühle der Unlust und der Lust. Diese Unlust fühlen wir als Schuld, und diese Lust als Unschuld.

Schuld und Unschuld dienen also beide *einem* Herrn. Er zwingt die Unschuld und die Schuld vor *einen* Wagen, lenkt sie in *eine* Richtung, und so ziehen sie als *ein* Gespann an *einem* Strick. Sie bringen die Beziehung weiter und halten sie durch ihre Wechselwirkung in der Spur. Zwar wollen wir die Zügel manchmal selber nehmen, doch der Kutscher läßt sie nicht aus seiner Hand. Wir fahren auf dem Wagen nur als Gefangene und Gäste. Des Kutschers Name aber heißt: Gewissen.

Die Vorgaben

Zu den uns vorgegebenen Bedingungen für menschliche Beziehungen gehören:
- die Bindung,
- der Ausgleich,
- die Ordnung.

Wir erfüllen diese drei Bedingungen, wie die Bedingungen für unser Gleichgewicht, auch gegen anderes Wünschen oder Wollen unter der Not von Trieb, Bedürfnis und Reflex. Wir erkennen sie als Grundbedingungen, weil wir sie zugleich als Grundbedürfnisse erfahren.

Die Bindung, der Ausgleich und die Ordnung bedingen und ergänzen sich, und ihr Zusammenspiel erfahren wir als das Gewissen. Daher erfahren wir auch das Gewissen als Trieb, Bedürfnis und Reflex, und als im Grunde mit den Bedürfnissen nach Bindung und nach Ausgleich und nach Ordnung eins.

Die Unterschiede

Obwohl nun diese drei Bedürfnisse nach Bindung, nach Ausgleich und nach Ordnung stets zusammenwirken, so sucht doch jedes seine Ziele mit einem eigenen Gefühl der Schuld und Unschuld durchzusetzen. Daher fühlen wir die Schuld und Unschuld anders, je nach dem Ziel und dem Bedürfnis, dem sie dienen.

- Wenn sie der Bindung dient, fühlen wir die Schuld als Ausschluß und als Ferne, und die Unschuld als Geborgenheit und Nähe.

- Wenn sie dem Ausgleich dient, fühlen wir die Schuld als Pflicht, und die Unschuld als Freiheit oder Anspruch.
- Wenn sie der Ordnung dient, fühlen wir die Schuld als Übertretung und als Furcht vor Strafe und die Unschuld als Gewissenhaftigkeit und Treue.

Das Gewissen dient jedem dieser Ziele, auch wenn sie sich entgegenstehen. Wir erfahren daher diese Widersprüche in den Zielen auch als Widersprüche im Gewissen. Denn oft fordert das Gewissen im Dienst des Ausgleichs, was es uns im Dienst der Bindung verbietet, und es erlaubt uns im Dienst der Ordnung, was es uns im Dienst der Bindung verwehrt.

Wenn wir zum Beispiel jemand gleich viel Schlimmes antun als er uns, dann genügen wir dem Bedürfnis nach Ausgleich, und wir empfinden uns als gerecht. Doch mit der Bindung ist es in der Regel vorbei. Um sowohl dem Ausgleich wie der Bindung zu genügen, müssen wir dem anderen etwas weniger des Schlimmen antun als er uns. Dann leidet zwar der Ausgleich, aber die Bindung und die Liebe gewinnt.

Umgekehrt, wenn wir einem anderen genausoviel Gutes tun als er uns, kommt es zwar zum Ausgleich, aber schwerlich zur Bindung. Denn damit der Ausgleich auch zur Bindung führt, müssen wir dem anderen etwas mehr des Guten tun als er uns. Und er, wenn er ausgleicht, muß uns etwas mehr des Guten tun als wir ihm. Dann führt das Geben und Nehmen sowohl zum Ausgleich als auch zum beständigen Austausch und zu Bindung und Liebe.

Ähnliche Widersprüche erfahren wir zwischen dem Bedürfnis nach Bindung und dem Bedürfnis nach Ordnung. Wenn zum Beispiel eine Mutter ihrem Kind, weil es etwas angestellt hat, sagt, es müsse eine Stunde lang allein in

seinem Zimmer spielen, und sie läßt das Kind um der Ordnung willen die ganze Stunde dort allein, dann genügt die Mutter der Ordnung. Doch das Kind wird ihr böse, und das mit Recht. Denn die Mutter verstößt um der Ordnung willen gegen die Liebe. Wenn sie dagegen dem Kind nach einiger Zeit den Rest der Strafe erläßt, verstößt sie zwar gegen die Ordnung, festigt aber die Bindung und die Liebe zwischen sich und dem Kind.
Wie immer wir daher auch unserem Gewissen folgen, es spricht uns sowohl schuldig als auch frei.

Die verschiedenen Beziehungen

Doch so wie unsere Bedürfnisse, sind auch unsere Beziehungen verschieden, und ihre Interessen widersprechen sich. Wenn wir der einen Beziehung dienen, kann es der anderen schaden. Und was uns in der einen als Unschuld angerechnet wird, stürzt uns in einer anderen in Schuld. Dann stehen wir vielleicht für *eine* Tat vor vielen Richtern, und während einer uns verurteilt, spricht ein anderer uns frei.

Die Ordnung

Wir erleben das Gewissen manchmal, als sei es nur ein einzelnes. Meist aber gleicht es eher einer Gruppe, in der unterschiedliche Vertreter ihre unterschiedlichen Ziele mit unterschiedlichen Gefühlen der Schuld und Unschuld unterschiedlich durchzusetzen suchen. Sie unterstützen sich dabei und halten sich zum Wohl des Ganzen gegenseitig auch in Schach. Dennoch dienen sie, auch wenn sie sich entgegenstehen, einer höheren Ordnung. Gleich einem Feldherrn, der an verschiedenen Fronten mit verschiedenen Truppen auf verschiedenem Gelände mit unterschiedlichen Mitteln und mit unterschiedlicher Taktik unterschiedliche Erfolge sucht, läßt diese Ordnung es an allen Fronten um eines größeren Ganzen willen doch nur zu Teilerfolgen kommen. Daher gelingt die Unschuld immer nur zum Teil.

Der Schein

Schuld und Unschuld treten also meist gemeinsam auf. Wer nach der Unschuld greift, der rührt auch an die Schuld; und wer im Haus der Schuld zur Miete wohnt, entdeckt als seine Untermieterin die Unschuld. Auch tauschen Schuld und Unschuld öfters das Gewand, so daß die Schuld im Kleid der Unschuld kommt, und Unschuld kommt im Kleid der Schuld. Dann trügt der Schein, und erst die Wirkung zeigt, was wirklich war.
Ich erzähle euch dazu eine kleine Geschichte:

Die Spieler

Sie stellen sich als Gegner vor.
Dann sitzen sie sich gegenüber
und spielen
auf dem gleichen Brett

mit vielerlei Figuren
nach komplizierten Regeln,
Zug um Zug,
das gleiche königliche Spiel.

Sie opfern beide ihrem Spiel
verschiedene Figuren
und halten sich gespannt in Schach,
bis die Bewegung endet.
Wenn nichts mehr geht,
ist die Partie vorbei.
Dann wechseln sie die Seite
und die Farbe,
und es beginnt vom gleichen Spiel
nur wieder eine andere Partie.

Wer aber lange spielt
und oft gewinnt
und oft verliert,
der wird auf beiden Seiten
Meister.

Der Bann

Wer die Rätsel des Gewissens lösen will, der wagt sich also in ein Labyrinth, und er braucht viele Orientierungsfäden, um im Gewirr der Pfade die Wege, die nach draußen führen, von denen, die im Abseits enden, abzugrenzen. Und er muß, im dunkeln tappend, sich auf Schritt und Tritt den Mythen und Geschichten stellen, die sich um Schuld und Unschuld ranken und unseren Sinn betören und die

Schritte lähmen, wenn wir es wagen wollen nachzuforschen, was geheim geschieht. Kindern ergeht es so, wenn man vom Klapperstorch erzählt, und den Gefangenen mag es so ergangen sein, als sie am Tor zum Todeslager lasen: »Arbeit macht frei!«

Doch manchmal kommt dann einer, der den Mut hat hinzuschauen und den Bann zu brechen. Wie etwa jenes Kind, das in der außer sich geratenen Menge auf den umjubelten Diktator zeigt und laut und deutlich sagt, was alle wissen, doch keiner sich zuzugeben oder auszusprechen traut: »Der ist ja nackt!«

Oder auch wie jener Spielmann, der sich an den Rand der Straße stellt, auf der ein Rattenfänger mit seiner Kinderschar vorbeiziehen muß. Er spielt ihm eine Gegenmelodie, die einige aus dem Gleichschritt bringt.

Die Bindung

Das Gewissen bindet uns an die für unser Überleben wichtige Gruppe, was immer die Bedingungen auch sind, die sie uns setzt. Es steht nicht über dieser Gruppe und nicht über ihrem Glauben oder Aberglauben. Es steht in ihren Diensten.

Denn wie ein Baum den Standort nicht bestimmt, auf dem er wächst, und wie er sich auf freiem Feld anders als im Wald entwickelt und im geschützten Tal anders als auf ungeschützter Höhe, so fügt ein Kind sich fraglos in die Ursprungsgruppe und hängt ihr an mit einer Kraft und Konsequenz, die nur mit einer Prägung zu vergleichen sind. Die Bindung wird vom Kind als Liebe und als Glück

erlebt, wie immer es in dieser Gruppe wird gedeihen können und wie es auch verkümmern muß.
Das Gewissen aber reagiert auf alles, was die Bindung fördert und gefährdet. Daher haben wir ein gutes Gewissen, wenn wir uns so verhalten, daß wir uns sicher sind, wir dürfen noch dazugehören. Und wir haben ein schlechtes Gewissen, wenn wir von den Bedingungen der Gruppe in einer Weise abgewichen sind, daß wir befürchten müssen, wir haben unser Recht auf Zugehörigkeit teilweise oder ganz verspielt. Doch beide Seiten des Gewissens dienen *einem* Ziel. Wie Zuckerbrot und Peitsche ziehen sie und treiben sie uns in die gleiche Richtung. Sie sichern unsere Bindung an die Wurzel und den Stamm.
Maßstab für das Gewissen also ist, was in der Gruppe, der wir angehören, gilt. Daher haben Menschen, die aus unterschiedlichen Gruppen kommen, auch unterschiedliche Gewissen, und wer mehreren Gruppen angehört, der hat für jede Gruppe auch ein anderes Gewissen.
Das Gewissen hält uns bei der Gruppe, wie ein Hund die Schafe bei der Herde. Doch wenn wir die Umgebung wechseln, wechselt es wie ein Chamäleon zu unserem Schutz die Färbung. Daher haben wir ein anderes Gewissen bei der Mutter und ein anderes beim Vater. Ein anderes in der Familie und ein anderes im Beruf. Ein anderes in der Kirche und ein anderes am Stammtisch. Immer aber geht es beim Gewissen um die Bindung und die Bindungsliebe, und um die Furcht vor Trennung und Verlust.
Was aber machen wir, wenn Bindung gegen Bindung steht? Dann suchen wir, so gut es geht, den Ausgleich und die Ordnung.
Ich erzähle dazu ein Beispiel:

Die Rücksicht

Ein Mann und eine Frau fragten einen Lehrer, was sie mit ihrer Tochter machen sollten. Denn die Frau mußte ihr jetzt öfters Grenzen setzen und fühlte sich dabei von ihrem Mann zu wenig unterstützt.
Der Lehrer erklärte ihnen in drei Sätzen die Regeln für die richtige Erziehung:

1. In der Erziehung ihrer Kinder halten der Vater und die Mutter unterschiedlich das für richtig, was in ihrer eigenen Familie entweder wichtig war oder gefehlt hat.
2. Das Kind befolgt und anerkennt als richtig, was seinen beiden Eltern in ihrer eigenen Familie entweder wichtig war oder fehlt.
3. Wenn sich einer der Eltern gegen den anderen in der Erziehung durchsetzt, verbündet sich das Kind heimlich mit dem, der unterliegt.

Als nächstes schlug der Lehrer ihnen vor, sie sollten sich erlauben wahrzunehmen, wo und wie ihr Kind sie liebt. Da blickten sie sich in die Augen, und ein Leuchten ging über beider Gesicht.
Als letztes riet der Lehrer noch dem Vater, er möge seine Tochter manchmal spüren lassen, wie sehr er sich darüber freut, wenn sie zu ihrer Mutter gut ist.

Die Treue

Das Gewissen bindet uns am stärksten, wenn wir in einer Gruppe unten stehen und ihr ausgeliefert sind. Sobald wir aber in der Gruppe Macht gewinnen oder von ihr unab-

hängig werden, lockert sich die Bindung, und mit ihr lockert sich auch das Gewissen.
Die Schwachen aber sind gewissenhaft und bleiben treu, weil sie gebunden sind. In einer Familie sind es die Kinder, in einem Betrieb die unteren Arbeitnehmer, in einer Armee die gemeinen Soldaten und in einer Kirche das gläubige Volk. Zum Wohl der Starken in der Gruppe riskieren sie gewissenhaft Gesundheit, Unschuld, Glück und Leben, auch wenn die Starken sie vielleicht für das, was sie die höheren Ziele nennen, gewissenlos mißbrauchen.
Das sind dann die Kleinen, die für die Großen ihren Kopf hinhalten, die Henker, die die schmutzige Arbeit tun, die Helden auf verlorenem Posten, die Schafe hinter ihrem Hirten, wenn er sie zur Schlachtbank führt, und die Opfer, die die Zeche zahlen. Und es sind die Kinder, die für ihre Eltern oder Ahnen in die Bresche springen und vollbringen, was sie nicht geplant, sühnen, was sie nicht getan, und tragen, was sie nicht verschuldet haben.
Ich erzähle dazu ein Beispiel:

Der Platz

Ein Vater hatte seinen Sohn, als dieser trotzig war, bestraft, und in der Nacht darauf hat sich das Kind erhängt.
Nun war der Mann schon alt, und noch immer trug er schwer an seiner Schuld. Dann, im Gespräch mit einem Freund, erinnerte er sich, daß dieses Kind nur wenige Tage vor dem Selbstmord, als seine Mutter bei Tisch erzählte, daß sie wieder schwanger war, wie außer sich gerufen hatte: »Um Gottes willen, wir haben doch keinen Platz!« Und er

begriff: Das Kind hat sich erhängt, um seinen Eltern ihre Sorgen abzunehmen. Es hat für das neue Platz gemacht.

Treue und Krankheit

Diese Bindungsliebe zeigt sich auch bei schwerer Krankheit, zum Beispiel bei der Magersucht. Denn die Magersüchtige sagt in ihrer Kinderseele zu einem ihrer Eltern: »Lieber verschwinde ich als du.« Eine solche Krankheit läßt sich daher oft nur schwer heilen, weil sie für unsere Kinderseele ein Beweis der Unschuld ist und wir mit ihr unser Recht auf Zugehörigkeit zu sichern und zu wahren hoffen. Mit ihr verbindet sich das Gefühl der Treue.
Umgekehrt wird dann die Lösung oder Heilung, trotz gegenteiliger Beteuerung, gefürchtet und vermieden. Denn mit ihr verbindet sich die Furcht vor dem Verlust der Zugehörigkeit und das Gefühl von Schuld und von Verrat.

Die Grenze

Wo das Gewissen bindet, grenzt es auch ein und aus. Oft müssen wir daher, wenn wir bei unsrer Gruppe bleiben wollen, anderen, nur weil sie anders sind, die Zugehörigkeit, die wir für uns in Anspruch nehmen, verweigern oder aberkennen. Dann werden wir, durch das Gewissen, für die anderen furchtbar. Denn was wir für uns selbst als schlimmste Folge einer Schuld und als die äußerste Bedrohung fürchten, das müssen wir im Namen des Gewissens

anderen, nur weil sie anders sind, wünschen oder antun: den Ausschluß aus der Gruppe.
Doch so wie wir mit ihnen, verfahren andere im Namen des Gewissens auch mit uns. Dann setzen wir uns gegenseitig für das Gute eine Grenze, und für das Böse heben wir, im Namen des Gewissens, diese Grenze auf.
Schuld und Unschuld sind also nicht dasselbe wie Gut und Böse. Denn oft vollbringen wir die schlimmen Taten mit gutem Gewissen, und die guten Taten mit schlechtem Gewissen. Wir vollbringen die schlimmen Taten mit gutem Gewissen, wenn sie der Bindung an die für unser Überleben wichtige Gruppe dienen, und wir vollbringen die guten Taten mit schlechtem Gewissen, wenn sie die Bindung an diese Gruppe gefährden.

Das Gute

Daher muß das Gute, das versöhnt und Frieden stiftet, die Grenzen überwinden, die uns das Gewissen durch die Bindung an die Einzelgruppen setzt. Es folgt einem anderen, verborgenen Gesetz, das in den Dingen wirkt, nur weil sie sind. Im Gegensatz zur Art und Weise des Gewissens wirkt es still und unauffällig, wie Wasser, das verborgen fließt. Wir nehmen seine Gegenwart nur an der Wirkung wahr.
Das Gewissen aber redet, wo die Dinge sind. Ein Kind zum Beispiel kommt in einen Garten, staunt über das, was wächst, lauscht einem Vogel im Gebüsch. Dann sagt die Mutter: »Schau, das ist schön.« Nun muß das Kind, statt daß es staunt und lauscht, auf Worte hören, und der Bezug zu dem, was ist, wird jetzt ersetzt durch Stellungnahmen.

Das Gruppengewissen

Das Gewissen bindet uns so folgenschwer an eine Gruppe, daß wir, was andere in ihr erlitten und verschuldet haben, als Anspruch und Verpflichtung spüren, wenn auch oft unbewußt. So werden wir, durch das Gewissen, in fremde Schuld und fremde Unschuld, in fremdes Denken, Sorgen, Fühlen, in fremden Streit und fremde Folgen, in fremdes Ziel und fremdes Ende blind verstrickt.

Wenn zum Beispiel eine Tochter, weil sie die alten Eltern pflegt, auf eigenes Familienglück verzichtet und von den übrigen Geschwistern dafür belächelt und verachtet wird, dann ahmt später eine Nichte das Leben dieser Tante nach, und ohne daß sie den Zusammenhang erkennt und ohne daß sie sich dagegen wehren kann, erleidet sie das gleiche Schicksal.

Hier wirkt im Gegensatz zu dem persönlichen Gewissen, das wir fühlen, noch ein anderes, umfassendes Gewissen, das im verborgenen wirkt und dem persönlichen Gewissen vorgeordnet ist. Das vordergründige, persönliche Gewissen macht uns blind für das verborgene, umfassende Gewissen, und oft verstoßen wir gegen dieses umfassende Gewissen gerade dadurch, daß wir dem persönlichen Gewissen folgen.

Das persönliche Gewissen, das wir fühlen, dient einer Ordnung, die sich durch Trieb, Bedürfnis und Reflex bemerkbar macht. Das umfassende Gewissen aber, das im verborgenen wirkt, bleibt unbewußt, so wie uns auch die Ordnung, der es dient, oft unbewußt bleibt. Diese Ordnung können wir daher nicht fühlen. Wir erkennen sie nur an der Wirkung, am ehesten am Leid, das ihre Nichtbeachtung bringt, vor allem für die Kinder.

Das vordergründige, persönliche Gewissen bezieht sich auf Personen, mit denen wir fühlbar verbunden sind: also auf die Eltern und Geschwister und auf Verwandte, Freunde, Partner, Kinder. Ihnen gibt dieses Gewissen in der Seele einen Platz und eine Stimme.
Das verborgene Gewissen aber nimmt sich jener Menschen an, die wir aus unserer Seele und aus unserem Bewußtsein ausgeschlossen haben. Sei es, daß wir sie fürchten oder verdammen, sei es, daß wir ihrem Schicksal trotzen wollen, sei es, daß andere in der Familie ihnen gegenüber schuldig wurden, ohne daß die Schuld benannt, geschweige denn gesühnt wurde. Sei es auch, daß sie bezahlen mußten, was wir genommen und bekommen haben, ohne daß wir es ihnen gedankt und sie dafür gewürdigt hätten. Dieses Gewissen nimmt sich der Ausgestoßenen an und der Verkannten, Vergessenen und Toten, und es läßt denen, die sich ihrer Zugehörigkeit noch sicher fühlen, keine Ruhe, bis sie auch den Ausgeschlossenen in ihrem Herzen wieder einen Platz und eine Stimme geben.

Das Recht auf Zugehörigkeit

Das Gruppengewissen gibt allen das gleiche Recht auf Zugehörigkeit. Es wacht darüber, daß allen, die dazugehören, dieses Recht auf Zugehörigkeit auch zugestanden wird. Es wacht also über die Bindung in einem viel umfassenderen Sinn als das persönliche Gewissen. Es kennt nur eine Ausnahme davon, nämlich die Mörder, insbesondere die Mörder an Angehörigen der eigenen Gruppe. Ihnen gegenüber verlangt dieses Gewissen in der Regel, daß sie ausgestoßen werden.

Der Ausgleich im Schlimmen

Wenn ein Mitglied der Gruppe von den anderen ausgeklammert oder ausgestoßen wurde, und sei es auch nur dadurch, daß es vergessen wird, wie häufig ein früh verstorbenes Kind, dann bewirkt dieses Gewissen, daß ein anderer innerhalb der Gruppe den Ausgeklammerten vertritt. Er ahmt dann dessen Schicksal nach, ohne daß es ihm bewußt wird. So ahmt zum Beispiel ein Enkel über unbewußte Identifizierung einen ausgeschlossenen Großvater nach und lebt und fühlt und plant und scheitert, wie sein Großvater, ohne daß er den Zusammenhang erkennt.
Für das Gruppengewissen ist das ein Ausgleich, allerdings auf einer archaischen Ebene, wie überhaupt das Gruppengewissen ein archaisches Gewissen ist. Es führt zu einem blinden Ausgleich im Schlimmen, der niemandem hilft. Denn das Unrecht an dem Früheren wird von dem unschuldigen Späteren nur wiederholt, nicht aber wiedergutgemacht. Der Ausgeschlossene bleibt dennoch ausgeschlossen.

Die Rangordnung

Noch ein anderes Grundgesetz wird an der Wirkung des Gruppengewissens deutlich. In jeder Gruppe herrscht eine Rangordnung, die sich nach dem Früher oder Später orientiert. Das heißt, daß nach dieser Ordnung das Frühere Vorrang vor dem Späteren hat. Ein Früherer, zum Beispiel ein Großvater, ist dem Späteren, zum Beispiel einem Enkel, vorgeordnet, und ein Späterer ist dem Früheren nachgeordnet. Daher gibt es beim Ausgleich gemäß dem Gruppenge-

wissen auch keine Gerechtigkeit gegenüber den Späteren, als seien sie den Früheren gegenüber gleichberechtigt. Der archaische Ausgleich berücksichtigt nur die Früheren und mißachtet die Späteren. Daher erlaubt dieses Gruppengewissen nicht, daß sich Spätere in die Angelegenheiten der Früheren einmischen, weder um deren Recht an deren Stelle durchzusetzen, noch um deren Schuld an deren Stelle zu sühnen, noch um sie von deren Schicksal, weil es schlimm war, nachträglich zu erlösen. Denn auf eine solche Anmaßung reagiert der Spätere unter dem Einfluß des Gruppengewissens mit einem Bedürfnis nach Scheitern und Untergang. Wenn es daher in einer Sippe selbstzerstörerisches Verhalten gibt und wenn ein Handelnder im Verfolgen scheinbar edler Ziele sehend blind sein Scheitern und sein Untergehen inszeniert, dann ist der Handelnde meist ein Nachgeordneter, der durch sein Scheitern, wie erleichtert, einem Vorgeordneten endlich die Ehre gibt. So endet angemaßte Macht als Ohnmacht, angemaßtes Recht als Unrecht und angemaßtes Schicksal tragisch.
Ich erzähle einige Beispiele dazu:

Die Sehnsucht

Eine junge Frau spürte eine unstillbare Sehnsucht, die sie sich nicht erklären konnte. Doch dann wurde ihr auf einmal klar, daß sie nicht ihre eigene Sehnsucht spürte, sondern die Sehnsucht ihrer Schwester aus der ersten Ehe ihres Vaters. Denn als der Vater eine zweite Ehe eingegangen war, durfte sie ihn nie mehr wiedersehen und ihre Halbgeschwister nie besuchen.

Inzwischen war sie nach Australien ausgewandert, und alle Brücken schienen abgebrochen. Die junge Frau nahm dennoch die Verbindung zu ihr auf, lud sie zu sich nach Deutschland ein und schickte ihr sogar das Ticket.
Doch das Schicksal ließ sich nicht mehr wenden. Auf dem Weg zum Flughafen ist sie verschollen.

Das Zittern

In einer Gruppe fing eine Frau am ganzen Körper an zu zittern, und als der Gruppenleiter den Vorgang auf sich wirken ließ, sah er, daß dieses Zittern einer anderen Person gehören mußte.
Er fragte sie: »Wessen Zittern ist es?« Sie sagte: »Ich weiß es nicht.«
Er fragte weiter: »Ist es vielleicht ein Jude?« Sie sagte: »Es ist eine Jüdin.«
Als sie geboren wurde, kam ein SA-Mann in das Haus, um der Mutter im Namen der Partei zu gratulieren. Doch hinter einer Tür stand eine Jüdin, die in dem Haus versteckt war. Sie zitterte.

Die Angst

Ein Paar war schon viele Jahre verheiratet und noch nicht zusammengezogen, denn der Mann behauptete, er könne nur in einer fernen Stadt die ihm gemäße Arbeit finden. Als er in einer Gruppe daraufhingewiesen wurde, daß er am Ort der Frau die gleiche Arbeit haben konnte, hatte er auf alles

einen Einwand. So wurde offenbar, daß es noch einen anderen, verborgenen Grund für sein Verhalten gab.
Sein Vater hatte viele Jahre in einem weit entfernten Sanatorium verbracht, denn er war schwer an Tbc erkrankt, und wenn er manchmal zu Besuch nach Hause kam, waren Frau und Kind durch seine Gegenwart gefährdet. Die Gefahr war längst gebannt. Doch nun übernahm sein Sohn die gleiche Angst, das gleiche Schicksal, und so, als sei auch er gefährlich, hielt er sich fern von seiner Frau.

Der Irrläufer

Ein junger Mann, selbstmordgefährdet, erzählt in einer Gruppe, er habe, als er noch ein Kind war, seinen Opa mütterlicherseits gefragt: »Wann stirbst du endlich und machst Platz?« Der Opa habe laut gelacht, doch ihm sei dieser Satz sein Leben lang nicht aus dem Kopf gegangen.
Der Gruppenleiter meinte, der Satz habe sich in einem Kind zu Wort gemeldet, weil er in einem anderen Zusammenhang nicht ausgesprochen werden durfte. Und sie wurden fündig.
Der andere Opa, väterlicherseits, hatte vor vielen Jahren mit seiner Sekretärin ein Verhältnis angefangen, und daraufhin war seine Frau an Tbc erkrankt. Hierher gehörte dieser Satz, auch wenn er dem Großvater vielleicht nicht einmal bewußt war: »Wann stirbst du endlich und machst Platz?« Der Wunsch ging in Erfüllung: Die Frau starb.
Doch nun nahmen ahnungslose Nachgeborene die Schuld und Sühne unschuldig schuldig in die Hand.

Als erstes verhinderte ein Sohn, daß sein Vater aus dem Tod der Mutter Nutzen zog. Er brannte mit der Sekretärin durch.
Und dann bot sich ein Enkel an, den unheilvollen Satz auf sich zu nehmen und die Schuld zu sühnen. Er war selbstmordgefährdet.

*

Ich bringe noch ein Beispiel. Es wurde mir von einem Klienten brieflich mitgeteilt, und ich halte mich genau an seine Angaben.

Die Sühne

Die Urgroßmutter dieses Klienten heiratete einen Jungbauern und wurde von ihm schwanger. Noch während ihrer Schwangerschaft starb dieser Mann mit 27 Jahren am 31. Dezember – wie es hieß, am Nervenfieber. Massive Vorkommnisse ab dieser Zeit deuten aber darauf hin, daß die Urgroßmutter schon während dieser Ehe eine Beziehung zu ihrem späteren zweiten Mann hatte und daß der Tod des ersten Mannes damit zusammenhing. Es wurde sogar der Verdacht geäußert, daß er ermordet worden war.
Die Urgroßmutter heiratete ihren zweiten Mann (den Urgroßvater des Klienten) am 27. Januar. Dieser Urgroßvater ist tödlich verunglückt, als sein Sohn 27 Jahre alt war. Auf den Tag 27 Jahre später ist ein Enkel des Urgroßvaters auf gleiche Weise tödlich verunglückt. Ein weiterer Enkel wurde mit 27 Jahren vermißt.

Ein Urenkel ist genau hundert Jahre nach dem Tod des ersten Mannes der Urgroßmutter mit 27 Jahren um den 31. Dezember, also im Alter und zum Datum, an dem der erste Mann der Urgroßmutter starb, ganz verrückt geworden und hat sich am 27. Januar, dem Hochzeitstag der Urgroßmutter, mit dem zweiten Mann erhängt. Seine Frau war zu dieser Zeit schwanger, so wie es die Urgroßmutter war, als ihr erster Mann starb.

Der Sohn des Mannes, der sich erhängt hat, also der Ururenkel des Urgroßvaters des Klienten, wurde einen Monat vor dem Datum dieses Briefes 27 Jahre alt. Mein Klient hatte das ungute Gefühl, daß diesem Sohn etwas passieren könnte, meinte aber, daß es eher zum genauen Sterbetag von dessen Vater, also am 27. Januar, gefährlich werden könnte. Er ist zu ihm hingefahren, um ihn zu schützen, und hat mit ihm das Grab von dessen Vater besucht. Danach erzählte seine Mutter, daß dieser Sohn am 31. Dezember ganz durchgedreht hatte, schon mit dem Revolver hantierte und alle Vorbereitungen traf, sich umzubringen. Er konnte aber von ihr und ihrem zweiten Mann davon abgebracht werden. Dies geschah genau 127 Jahre, nachdem der erste Mann der Urgroßmutter mit 27 Jahren am 31. Dezember starb. Anzumerken bleibt hier noch, daß diese Angehörigen nichts vom ersten Mann der Urgroßmutter wußten.

Hier wirkte also ein schlimmes Geschehen tragisch bis in die vierte und fünfte Generation.

Doch diese Geschichte geht noch weiter. Einige Monate nach diesem Brief kam der Klient zu mir in höchster Panik, da er selbstmordgefährdet war und sich nicht mehr gegen seine Selbstmordgedanken wehren konnte. Ich habe ihm gesagt, er solle sich vorstellen, er stehe vor dem ersten Mann

der Urgroßmutter, und er solle ihn anschauen, sich tief vor ihm verneigen, bis auf den Boden, und ihm sagen: »Ich gebe dir die Ehre. In meinem Herzen hast du einen Platz. Bitte segne mich, wenn ich bleibe.«
Dann habe ich ihn zur Urgroßmutter und zum Urgroßvater sagen lassen: »Was immer eure Schuld war, ich lasse sie bei euch. Ich bin nur ein Kind.« Dann habe ich ihn sich vorstellen lassen, er ziehe vorsichtig seinen Kopf aus einer Schlinge, gehe langsam rückwärts und lasse sie hängen. Das hat er gemacht. Danach fühlte er sich sehr erleichtert und von seinen Selbstmordgedanken befreit. Der erste Mann der Urgroßmutter ist ihm seitdem ein schützender Freund.

Die Lösung

Mit dem letzten Beispiel habe ich auch eine Lösung gezeigt, die, was das verborgene Gewissen fordert, auf eine heilende Weise erfüllt. Die Ausgeschlossenen bekommen die Ehre, und sie bekommen den Platz und den Rang, der ihnen zusteht. Und die Späteren lassen die Schuld und ihre Folgen dort, wo sie hingehören. Sie ziehen sich demütig daraus zurück. Und es kommt zu einem Ausgleich, der Anerkennung und Frieden bringt für alle.

Die Einsicht

In unseren Beziehungen wirken also Ordnungen, die sich sowohl in den Gewissen offenbaren als auch durch ihre Wirkung. Wer um diese Wirkungen weiß, der kann die

Grenzen der Gewissen durch Einsicht übersteigen. Diese Einsicht weiß, wo die Gewissen blenden, löst, wo die Gewissen binden, hemmt, wo die Gewissen treiben, handelt, wo die Gewissen lähmen, und liebt, wo die Gewissen trennen.
Ich erzähle euch dazu zum Schluß noch eine Geschichte:

Der Weg

Zum alten Vater fand der Sohn und bat:
»Vater, segne mich, bevor du gehst!«
Der Vater sprach: »Mein Segen sei,
daß ich dich auf dem Weg des Wissens
zu Beginn ein Stück begleite.«

Am nächsten Morgen traten sie ins Freie,
und aus der Enge ihres Tales
stiegen sie auf einen Berg.
Der Tag ging schon gekrümmt, als sie zur Höhe kamen,
doch nun lag das Land nach allen Seiten
bis an den Horizont
im Licht.

Die Sonne sank,
und mit ihr sank die pralle Pracht:
Es wurde Nacht.
Doch als es dunkel war,
leuchteten die Sterne.

Geschichten, die wenden

Zu Beginn erzähle ich euch eine philosophische Geschichte, in der die Gegenspieler um Wissen und um Wahrheit ringen, wie andere in anderen Geschichten um Lösung oder Heil.
Doch kann auch hier, wer zu gewinnen scheint, nicht ohne den, der unterlag, bestehen; denn wie könnte einer je die Quelle überwinden, solange er noch aus ihr trinkt?
Wir aber brauchen, wenn wir die Geschichte hören, keine Stellung zu beziehen und fühlen uns daher, solange die Geschichte dauert, vom Zwang der Gegensätze wundersam befreit. Erst wenn wir selber wieder uns beziehen oder handeln und deshalb auch entscheiden müssen, haben uns die Gegensätze wieder.

Zweierlei Wissen

Ein Gelehrter fragte einen Weisen,
wie sich das Einzelne zu einem Ganzen fügt
und wie das Wissen um das Viele
sich vom Wissen um die Fülle
unterscheide.

Der Weise sagte:
»Das weit Verstreute wird zu einem Ganzen,
wenn es zu einer Mitte findet
und gesammelt wirkt.

Denn erst durch eine Mitte wird das Viele
wesentlich
und wirklich,
und seine Fülle erscheint uns dann als einfach,
fast wie wenig,
wie ruhige Kraft auf Nächstes hin,
die unten bleibt
und nahe dem, was trägt.

Um Fülle zu erfahren
oder mitzuteilen,
muß ich daher nicht alles einzeln
wissen,
sagen,
haben,
tun.

Wer in die Stadt gelangen will,
tritt durch ein einziges Tor.
Wer eine Glocke einmal anschlägt,
bringt mit dem einen Ton noch viele andere zum Klingen.
Und wer den reifen Apfel pflückt,
braucht dessen Ursprung nicht ergründen.
Er hält ihn in der Hand
und ißt.«

Der Gelehrte wandte ein, daß wer die Wahrheit wolle,
auch alle Einzelheiten wissen müsse.

Der Weise aber widersprach.
Nur von der alten Wahrheit wisse man sehr viel.
Wahrheit, die weiterführe,
sei gewagt
und neu.

Denn sie verbirgt ihr Ende
wie ein Keim den Baum.
Wer daher noch zu handeln zögert,
weil er mehr wissen will,
als ihm der nächste Schritt erlaubt,
versäumt, was wirkt.
Er nimmt die Münze
für die Ware,
und aus Bäumen
macht er Holz.

Der Gelehrte meinte,
das könne nur ein Teil der Antwort sein,
und er bitte ihn
um noch ein bißchen mehr.

Der Weise aber winkte ab,
denn Fülle sei am Anfang wie ein Faß voll Most:
süß und trüb.
Und es braucht Gärung und genügend Zeit,
bis er sich klärt.
Wer dann, statt daß er kostet, trinkt,
beginnt zu schwanken.

Wege der Weisheit

Der Weise stimmt der Welt zu, so wie sie ist,
ohne Angst und ohne Absicht.

Er ist versöhnt mit der Vergänglichkeit
und strebt nicht über das hinaus, was mit dem Tod vergeht.

Er behält den Überblick, weil er im Einklang ist,
und greift nur ein, soweit der Fluß des Lebens es verlangt.

Er kann unterscheiden: geht es, oder geht es nicht,
weil er ohne Absicht ist.

Die Weisheit ist die Frucht von langer Disziplin und Übung,
doch wer sie hat, der hat sie ohne Mühe.

Die Weisheit ist immer auf dem Weg und kommt ans Ziel,
nicht weil sie sucht.
Sie wächst.

Die Mitte

Jemand will es endlich wissen. Er schwingt sich auf sein Fahrrad, fährt in die offene Landschaft und findet, abseits vom Gewohnten, einen anderen Pfad.
Hier gibt es keine Schilder, und so verläßt er sich auf das, was er mit seinen Augen vor sich sieht und was sein Schritt durchmessen kann. Ihn treibt so etwas wie Entdeckerfreude, und was ihm vorher eher Ahnung war, wird jetzt Gewißheit.
Doch dann endet dieser Pfad an einem breiten Strom, und er steigt ab. Er weiß, wenn er noch weiter will, dann muß er alles, was er bei sich hat, am Ufer lassen. Dann wird er seinen festen Grund verlieren und wird von einer Kraft getragen und getrieben werden, die mehr vermag als er, so daß er sich ihr anvertrauen muß. Und daher zögert er und weicht zurück.

Als er dann wieder heimwärts fährt, da wird ihm klar, daß er nur wenig weiß, was hilft, und daß er es den anderen nur schwer vermitteln kann. Zu oft schon war es ihm wie jenem Mann ergangen, der einem anderen auf dem Fahrrad hinterherfährt, weil dessen Schutzblech klappert. Er ruft ihm zu: »He, du, dein Schutzblech klappert!« »Was?« »Dein Schutzblech klappert!« »Ich kann dich nicht verstehen«, ruft der andere zurück, »mein Schutzblech klappert!«
»Irgend etwas ist hier schiefgelaufen«, denkt er. Dann tritt er auf die Bremse und kehrt um.
Ein wenig später trifft er einen alten Lehrer. Er fragt: »Wie machst denn du das, wenn du anderen hilfst? Oft kommen zu dir Leute und fragen dich um Rat in Dingen, von denen du nur wenig weißt. Doch nachher geht es ihnen besser.«
Der Lehrer gab zur Antwort: »Nicht am Wissen liegt es, wenn einer auf dem Wege stehenbleibt und nicht mehr weiter will. Denn er sucht Sicherheit, wo Mut verlangt wird, und Freiheit, wo das Richtige ihm keine Wahl mehr läßt. Und so dreht er sich im Kreis.
Der Lehrer aber widersteht dem Vorwand und dem Schein. Er sucht die Mitte, und dort gesammelt wartet er – wie einer, der die Segel ausspannt vor den Wind –, ob ihn vielleicht ein Wort erreicht, das wirkt. Wenn dann der andere zu ihm kommt, findet der ihn dort, wohin er selber muß, und die Antwort ist für beide. Beide sind Hörer.«
Und er fügte hinzu: »Die Mitte fühlt sich leicht an.«

*

Die reine Wahrheit scheint uns hell,
doch wie der volle Mond
verbirgt sie eine dunkle Seite.
Sie blendet, weil sie leuchtet.

Je voller wir daher ihre uns zugewandte Seite
zu fassen oder durchzusetzen suchen,
desto fassungsloser
entzieht sich ihre abgewandte
heimlich dem Begriff.

Die Wende

Jemand wird hineingeboren in seine Familie, seine Heimat und Kultur, und schon als Kind hört er, wer einst ihr Vorbild war, ihr Lehrer und ihr Meister, und er spürt die tiefe Sehnsucht, so zu werden und zu sein wie er.
Er schließt sich Gleichgesinnten an, übt sich in jahrelanger Zucht und folgt dem großen Vorbild nach, bis er ihm gleich geworden ist und denkt und spricht und fühlt und will wie er.
Doch eines, meint er, fehle noch. So macht er sich auf einen weiten Weg, um in der fernsten Einsamkeit auch eine letzte Grenze vielleicht zu überschreiten. Er kommt vorbei an alten Gärten, die längst verlassen sind. Nur wilde Rosen blühen noch, und hohe Bäume tragen jährlich Frucht, die aber achtlos auf den Boden fällt, weil keiner da ist, der sie will. Danach beginnt die Wüste.
Schon bald umgibt ihn eine unbekannte Leere. Ihm ist, als sei hier jede Richtung gleich, und auch die Bilder, die er manchmal vor sich sieht, erkennt er bald als leer. Er

wandert, wie es ihn nach vorne treibt, und als er seinen Sinnen längst nicht mehr vertraut, sieht er vor sich die Quelle. Sie sprudelt aus der Erde und versickert schnell. Dort aber, wo ihr Wasser hinreicht, verwandelt sich die Wüste in ein Paradies.

Als er dann um sich schaut, sieht er zwei Fremde kommen. Sie hatten es genau wie er gemacht. Sie waren ihrem Vorbild nachgefolgt, bis sie ihm gleich geworden waren. Sie hatten sich, wie er, auf einen weiten Weg gemacht, um in der Einsamkeit der Wüste auch eine letzte Grenze vielleicht zu überschreiten. Und sie fanden, so wie er, die Quelle. Zusammen beugen sie sich nieder, trinken von dem gleichen Wasser und glauben sich schon fast am Ziel. Dann nennen sie sich ihre Namen: »Ich heiße Gautama, der Buddha.« »Ich heiße Jesus, der Christus.« »Ich heiße Mohammed, der Prophet.«

Dann aber kommt die Nacht, und über ihnen strahlen, wie eh und je, unnahbar fern und still die Sterne. Sie werden alle stumm, und einer von den dreien weiß sich dem großen Vorbild nah, wie nie zuvor. Ihm ist, als könne er für einen Augenblick erahnen, wie es ihm ergangen war, als er es wußte: die Ohnmacht, die Vergeblichkeit, die Demut. Und wie es ihm ergehen müßte, wüßte er auch um die Schuld.

Am nächsten Morgen kehrt er um, und er entkommt der Wüste. Noch einmal führt sein Weg vorbei an den verlassenen Gärten, bis er an einem Garten endet, der ihm selbst gehört. Vor seinem Eingang steht ein alter Mann, als hätte er auf ihn gewartet. Er sagt: »Wer von so weit zurückgefunden hat wie du, der liebt die feuchte Erde. Er weiß, daß alles, wenn es wächst, auch stirbt, und, wenn es aufhört, nährt.« »Ja«, gibt der andere zur Antwort, »ich stimme dem Gesetz der Erde zu.« Und er beginnt, sie zu bebauen.

Die Leere

Schüler verließen einen Meister,
und als sie wieder heimwärts zogen,
fragten sie ernüchtert:
»Was hatten wir bei ihm zu suchen?«

Da bemerkte einer:
»Wir stiegen blind in einen Wagen,
den ein blinder Kutscher
mit blinden Pferden
blindlings vorwärts trieb.
Doch würden wir wie Blinde
selber tastend gehen,
tasten wir vielleicht,
wenn wir am Rand des Abgrunds stehen,
mit unserem Stock
das Nicht.«

*

Die hellen Bilder oder Mythen
sind Teil der Finsternis des Geistes,
die der Held auf seinem Wege überwindet,
damit er nicht den Kopf verliert.

Bilder, die wirken, sind dunkel.

Die Bekehrung

Vor einiger Zeit tauchte eine Handschrift auf, in der verschiedene Gleichnisse Jesu etwas anders erzählt werden, als wir sie gewohnt sind, und eine genaue Untersuchung hat ergeben, daß vom Inhalt her an ihrer Authentizität nicht gezweifelt werden kann. Eines der Gleichnisse, das dort etwas anders erzählt wird, ist das vom verlorenen Sohn, und in der neuen Fassung lautet es ungefähr so:

Ein Mann hatte zwei Söhne. Der jüngere von ihnen sagte zu seinem Vater: »Vater, gib mir meinen Anteil am Vermögen.« Der Vater wurde traurig, denn er sah, was sein Sohn im Schilde führte. Doch er gab es ihm.
Schon wenige Tage später packte der jüngere Sohn alles zusammen, zog in ein fernes Land und verpraßte sein Vermögen durch ein ausschweifendes Leben.
Als er alles durchgebracht hatte, hungerte ihn, und er verdingte sich bei einem Bürger jenes Landes und hütete für ihn die Schweine. Gerne hätte er von dem gegessen, was die Schweine fraßen, aber niemand gab es ihm.
Bei jenem Bürger traf er einen jungen Mann, der hatte es genau wie er gemacht. Auch er hatte seinen Anteil am Vermögen erbeten, war in das gleiche ferne Land gezogen, hatte alles durchgebracht mit einem ausschweifenden Leben und landete wie er bei den Schweinen.
Nun gingen sie beide in sich, und der eine sagte: »Die Knechte meines Vaters haben Brot im Überfluß, und ich, sein Sohn, sterbe hier vor Hunger. Ich werde mich aufmachen und zu meinem Vater gehen und ihm sagen: ›Vater, ich habe gesündigt vor dem Himmel und vor dir. Ich bin

nicht mehr wert, dein Sohn zu heißen. Halte mich wie einen deiner Knechte.‹«

Der andere sagte: »Ich mache es anders. Ich gehe schon morgen auf den Marktplatz, suche mir eine bessere Arbeit, spare mir ein kleines Vermögen, heirate eine der Töchter dieses Landes und lebe wie die anderen Leute hier auch.«

Da blickte Jesus seine Zuhörer an und fragte: »Wer von den beiden hat wohl eher den Willen meines Vaters erfüllt?«

Die genaue Nummer der Handschrift ist mir leider entfallen.

Das Urteil

Ein Reicher starb, und als er vor die Himmelspforte kam, klopfte er und bat um Einlaß. Petrus schloß ihm auf und fragte, was er wolle.

Der Reiche sagte: »Ich hätte gern ein Zimmer erster Klasse, mit schöner Aussicht auf die Erde, und dazu täglich meine Lieblingsspeise und die neueste Zeitung.«

Petrus sträubte sich zuerst, doch als der Reiche ungeduldig wurde, führte er ihn in ein Zimmer erster Klasse, brachte ihm die Lieblingsspeise und die neueste Zeitung, drehte sich noch einmal um und sagte: »In tausend Jahren komme ich wieder!« und schloß dann hinter sich die Tür.

Nach tausend Jahren kam er wieder und schaute durch die Luke in der Tür. »Da bist du endlich!« rief der Reiche. »Dieser Himmel ist entsetzlich!«

Petrus schüttelte den Kopf. »Du irrst dich«, sagte er. »Hier ist die Hölle.«

Die Verblendung

Ein Zirkus erwarb einen Eisbären. Doch da sie ihn nur zum Ausstellen brauchten, wurde er in einen Wagen gesperrt. Der war so eng, daß er sich nicht einmal umdrehen konnte – und so ging er immer nur zwei Schritte vor und zwei zurück.
Nach vielen Jahren hatten sie Mitleid mit ihm und verkauften ihn an einen Zoo. Dort fand er ein weites Gehege zum Auslauf. Doch auch hier ging er immer nur zwei Schritte vor und zwei zurück. Als ihn deshalb ein anderer Eisbär fragte: »Warum tust du das?«, gab er zur Antwort: »Weil ich so lange in einem engen Wagen eingesperrt war.«

*

Der Bereitschaft zum Schauen steht oft im Weg, daß wir was für uns schlimm ist als verpflichtend erfahren und erleben wie Unschuld; und daß wir das Schauen, das uns die Lösungen zeigt, wie Verrat an einer Ordnung erfahren und erleben wie Schuld. Dann wird das Schauen ersetzt durch ein inneres Bild und was schon vorbei ist wirkt, als sei es noch da.
Manchmal entsteht das innere Bild nur durch das Hörensagen und schafft eine Ordnung, die allein in der Vorstellung gründet. Dann wird das Schauen ersetzt durch das Hören, die Wahrheit durch Willkür und das Wissen durch Glauben.

Die Neugier

Ein Mann fragte einen Freund: »Verstehst du etwas von Besessenheit?«
»Vielleicht«, sagte der Freund, »doch um was geht es dir wirklich?«
»Ich war mit meiner Frau bei einer Wahrsagerin, und die hat ihr gesagt, sie sei vom Teufel besessen. Was soll ich nun machen?«
Der Freund gab ihm zur Antwort: »Wer zu so jemandem geht, dem geschieht es recht. Denn jetzt bist *du* besessen, aber von einem inneren Bild, und du wirst es so schnell nicht mehr los.
Hast du schon einmal von Hernando Cortez gehört? Der hat mit ein paar hundert Soldaten das Riesenreich der Azteken erobert. Weißt du, wieso er das konnte?
Er wußte nicht, was die anderen dachten.«

*

Es gibt Geschichten, bei denen wir nur wenig festzuhalten brauchen. Wir hören sie wie eine Symphonie, erkennen erst die eine, dann die andere Melodie, vernehmen aus dem Chor vereinzelt Worte. Doch dann bewegen wir die Finger oder Zehen mit im Takt, und beim Finale läuft uns vielleicht ein Schauer über unseren Rücken, wirkt eine Weile nach, und ohne daß wir wissen, wie, erleben wir uns angeregt, wie wenn ein frischer Wind durchs offene Fenster weht.

Die Sammlung

Der Herrscher eines pulsierenden Reiches, das seine Grenzen nach allen Seiten offenhielt, hatte seine Fürsten im Verdacht, daß ihnen mehr an ihren Provinzen als an seinem Reich als Ganzem lag. Und so lud er sie zur gleichen Zeit in seine Hauptstadt und an seinen Hof.

Der erste herrschte über das Hochland, eine weite fruchtbare Ebene, der Garten des Reiches. Seine Untertanen waren berühmt ob ihrer Wachheit und ihrer Weitsicht, ob ihres Sinnes für Schönheit und ihrer leichten Lebensart: ein tüchtiges und fröhliches Volk.

Der zweite herrschte über das Mittelgebirge, in dessen Tälern man das Echo bis in die letzten Winkel hört. Seinen Untertanen wurde nachgesagt, sie nähmen es genau und achteten auf Recht und Ordnung. Und sie hätten die besten Beamten. Auch pflegten sie viel Hausmusik.

Der dritte herrschte über das Tiefland. Es grenzt im Osten an das Meer und ist noch weithin unerforscht. Seine Untertanen bewohnen einen schmalen Küstenstreifen, bebauen engumzäunte Gärten und wissen wenig voneinander und von der weiten Welt. Doch einige von ihnen fahren auf das unbekannte Meer hinaus, und wenn sie wiederkommen, wissen sie um die Geheimnisse der Tiefe, ihre Gefahren und ihre Schönheit. Aber sie reden wenig davon.

Als die drei bei Hofe eingetroffen waren, bestimmte der Herrscher für ihren Empfang seinen herrlichsten Saal. Fahrende Künstler aus dem Hochland hatten ihn gestaltet. An seinen Wänden ließen leuchtende Fresken die Grenzen des Raumes verschwimmen, und seine Decke war ein einziges Bild, so täuschend hingemalt, daß man meinen konnte, man stehe im Freien und schaue in den offenen Himmel. Durch helle Fenster fiel der Blick auf blühende Gärten, und die Tafel war mit Girlanden aus Blumen in solch bunter Fülle von Formen und Farben geziert, daß einem die Augen schier übergingen ob ihrer Pracht.

Aus dem Mittelgebirge waren Musikanten geladen – jeder ein Meister seines Instruments –, damit sie aufspielen sollten zum Ohrenschmaus für die Gäste.

Der erste zupfte die Laute und zauberte Töne hervor, wie wenn Tropfen auf eine Silberschale fallen. Und wenn er voll in ihre Saiten griff, schwang ein Hall von vielen Stimmen durch den Raum, wurde leiser, als schwebe er in weite Fernen, und dann war es noch, als würde selbst die Stille tönen, so herrlich war sein Spiel.

Der zweite strich mit dem Bogen über eine Fidel. Seine Töne klangen weich und ausgegossen, schwollen an und schlurften leise, plätscherten dahin, schluchzten manchmal, schmeichelten wie Taubengurren, knirschten scharf und strömten wieder sanft und satt.

Der dritte blies ein Messingrohr, das schmetterte, als würde Sonne strahlen, mächtig wie Aufbruch am Morgen, so daß die Fenster klirrten, als müßten sie zerspringen von der Helle seines Tons.

Der vierte blies ein Bambusrohr mit Tönen, wie wenn Atem strömt oder wie wenn eine Amsel flötet und der Sturmwind heult. Dann wieder wie Vogelgezwitscher und wie ersterbender Hauch.

Der fünfte klopfte mit Hämmern flink auf nebeneinanderliegende Hölzer, so daß sie klangen wie das Anstoßen von Gläsern oder wie Silberglocken, durch die ein Windstoß fährt, bis sie, von innen angeschlagen, zu klingen beginnen.

Der sechste schlug eine Pfeifenorgel mit acht Registern, auf der er summen, hummen, brummen, dröhnen, röhren, rauschen, brausen und donnern konnte. Er gab dem Spiel der anderen die Resonanz volltöniger Tiefe, und so mächtig war sein Ton, daß der Saal erbebte, als schwinge er mit ein.

Aus dem Tiefland waren zur Ergötzung der Gäste Tänzer und Gaukler geladen. Sie probten die gestelzten Schritte, die Schwünge nach rechts und nach links, die Pirouette und die großen Gebärden. Dann streckten sie sich, um ihre Muskeln zu dehnen. Einer von ihnen übte sogar, mit verbundenen Augen barfuß über ein schwankendes Seil zu jonglieren. Doch dann kamen schon die Köche mit dampfenden Schüsseln. Man roch die Köstlichkeiten. Ein Butler prüfte den gekühlten Wein, ließ ihn unter seiner Zunge rollen, schmeckte die Blume, spürte, wie sich sein Gaumen sanft zusammenzog, sog den Duft durch die Nase, mußte niesen, nahm aber sogleich wieder Haltung an, denn nun begann der Einzug der Gäste.

Es wurde ein rauschendes Fest. Zwar dauerte es eine Weile, bis sich die Gäste verständigen konnten. Dann aber fanden sie Gefallen aneinander, stellten sich gegenseitig ihre Künste und ihre Künstler vor, tranken Brüderschaft und wollten nie mehr auseinandergehen. Nur der Herrscher hielt sich seltsam zurück; denn er erkannte, wie fremd ihm seine Gäste waren, und daß er, um sie wirklich kennenzulernen, sich auch zu ihnen auf den Weg machen mußte, wie sie zu ihm.

Am nächsten Morgen erschienen die drei Fürsten gemeinsam vor der Öffentlichkeit. Doch zu Mittag waren sie schon wieder auf dem Heimweg, jeder zurück in seine vertraute Provinz.

Vom Herrscher aber war zu hören, er habe sich schon in der Frühe auf den Weg gemacht auf die längst fällige Reise zu seinen Provinzen und bis an die Grenzen durch sein eigenes Land.

Das Ganze

Ein berühmter Philosoph vertrat die Meinung, daß ein Esel, der genau in der Mitte zwischen zwei gleich großen Heuhaufen steht, die beide gleich gut duften und gleich gut anzusehen sind, bestimmt verhungern muß, weil er sich dann nicht mehr entscheiden kann.
Als das ein Bauer hörte, sagte er: »So etwas passiert nur einem philosophischen Esel. Denn ein richtiger Esel frißt statt entweder – oder sowohl – als auch.«

Das Gleiche

Der Hauch weht und flüstert,
der Sturm fegt und braust.
doch es ist der gleiche Wind,
das gleiche Lied.

Das gleiche Wasser
tränkt uns und ertränkt,
trägt und begräbt.

Was lebt, verbraucht,
erhält sich und vernichtet,

beim einen wie beim anderen
getrieben von der gleichen Kraft.

Sie zählt.

Wem dienen dann die Unterschiede?

*

Geschichten, wenn sie gut sind, sagen mehr, als was sie sollen, und mehr, als wir davon verstehen. Sie laufen uns davon, wie unsere Taten unserer Absicht und ein Ereignis seiner Deutung.
Manche machen es daher, wenn sie Geschichten hören, wie jemand, der am Morgen auf den Bahnhof geht und einen Zug besteigt, der ihn an ferne Ziele bringt. Er sucht sich einen Platz am Fenster und schaut hinaus. Die Bilder folgen sich im Wechsel: hohe Berge, kühne Brücken, Flüsse auf dem Weg zum Meer. Schon bald kann er die Bilder nicht mehr einzeln fassen, zu schnell geht seine Fahrt. So lehnt er sich zurück und setzt sich ihnen aus als Ganzes. Am Abend aber, als er ankommt, steigt er aus und sagt: »Ich habe viel gesehen und erlebt.«

Die Einsicht

Eine Gruppe Gleichgesinnter, die sich noch am Anfang wähnten, fand zusammen, und sie besprachen ihre Pläne für eine bessere Zukunft. Sie kamen überein, daß sie es anders machen würden. Das Gewöhnliche und das Alltägliche und dieser ewige Kreislauf waren ihnen zu eng. Sie suchten das Einzigartige, das Weite, und sie hofften zu sich selbst zu finden wie noch nie ein anderer zuvor. Im Geiste sahen sie sich schon am Ziel, malten sich aus, wie es sein würde, und sie entschlossen sich zu handeln. »Als erstes«, sagten sie, »müssen wir den großen Meister suchen; denn damit fängt es an.« Dann machten sie sich auf den Weg.

Der Meister wohnte in einem anderen Land und gehörte einem fremden Volke an. Viel Wunderliches hatte man von ihm berichtet, doch keiner schien es je genau zu wissen. Dem Gewohnten waren sie schon bald entronnen, denn hier war alles anders: die Sitten, die Landschaft, die Sprache, die Wege, das Ziel. Manchmal kamen sie an einen Ort, von dem es hieß, daß dort der Meister sei. Doch wenn sie Näheres erfahren wollten, hörten sie, er sei gerade wieder fort, und niemand wußte, welche Richtung er genommen hatte. Dann, eines Tages, fanden sie ihn doch.

Er war bei einem Bauern auf dem Feld. So verdiente er sich seinen Unterhalt und ein Lager für die Nacht. Sie wollten es zuerst nicht glauben, daß er der lang ersehnte Meister sei, und auch der Bauer staunte, daß sie den Mann, der mit ihm auf dem Felde war, für so besonders hielten. Er aber sagte: »Ja, ich bin ein Meister. Wenn ihr von mir lernen wollt, so bleibt noch eine Woche hier. Dann will ich euch belehren.«

Die Gleichgesinnten verdingten sich beim gleichen Bauern und erhielten Speise, Trank und Unterkunft. Am achten Tag, als es schon dunkel wurde, rief sie der Meister zu sich, setzte sich mit ihnen unter einen Baum und erzählte ihnen eine Geschichte.

»Vor langer Zeit dachte ein junger Mann darüber nach, was er mit seinem Leben machen wolle. Er stammte aus vornehmer Familie, war verschont vom Zwang der Not und fühlte sich dem Höheren und Besseren verpflichtet. Und so verließ er Vater und Mutter, schloß sich drei Jahre den Asketen an, verließ auch sie, fand dann den Buddha in Person und wußte, auch das war ihm noch nicht genug. Noch höher wollte er hinauf, bis dorthin, wo die Luft schon dünn wird und der Atem schwerer geht: wo niemand vor ihm jemals hingekommen war. Als er dort ankam, hielt er inne. Es war das Ende dieses Weges, und er sah, daß es ein Irrweg war.

Nun wollte er die andere Richtung nehmen. Er stieg hinunter, kam in eine Stadt, eroberte die schönste Kurtisane, wurde Teilhaber eines reichen Kaufmanns und war bald selber reich und angesehen.

Doch er war nicht ganz ins Tal hinabgestiegen. Er hielt sich nur am oberen Rande auf. Zum vollen Einsatz fehlte ihm der Mut. Er hatte eine Geliebte, aber keine Frau, bekam einen Sohn, war aber kein Vater. Die Kunst der Liebe und des Lebens hatte er gelernt, doch nicht die Liebe und das Leben selbst. Was er nicht angenommen, begann er zu verachten, bis er es überdrüssig wurde und auch das verließ.«

Hier machte der Meister eine Pause. »Vielleicht erkennt ihr die Geschichte«, sagte er, »und ihr wißt auch, wie sie ausgegangen ist. Es heißt, der Mann sei am Ende demütig geworden und weise und dem Gewöhnlichen zugetan. Doch was heißt das schon, wenn vorher so viel versäumt ist. Wer dem Leben traut, dem ist das Nahe nicht der Brei, um den er in der Ferne schleicht. Er meistert das Gewöhnliche zuerst. Denn sonst ist auch sein Ungewöhnliches –

vorausgesetzt, daß es das gibt – nur wie der Hut auf einer Vogelscheuche.«

Es war still geworden, und auch der Meister schwieg. Dann stand er wortlos auf und ging.

Am nächsten Morgen war er nicht zu finden. Noch in der Nacht hatte er sich wieder auf den Weg gemacht und nicht gesagt, wohin.

Jetzt waren die Gleichgesinnten wieder auf sich gestellt. Einige von ihnen wollten es nicht wahrhaben, daß der Meister sie verlassen hatte, und sie brachen auf, ihn noch einmal zu suchen. Andere konnten zwischen ihren Wünschen oder Ängsten kaum noch unterscheiden, und wahllos suchten sie nach irgendeinem Weg.

Einer aber besann sich. Er ging noch einmal zu dem Baum, setzte sich und schaute in die Weite, bis es in seinem Innern ruhig wurde. Was ihn bedrängte, stellte er aus sich hinaus und vor sich hin, wie einer, der nach langem Marsch den Rucksack abnimmt, bevor er rastet. Und ihm war leicht und frei.

Da standen sie nun vor ihm: seine Wünsche – seine Ängste – seine Ziele – sein wirkliches Bedürfnis. Und ohne daß er näher hinsah oder ganz Bestimmtes wollte – eher wie einer, der sich Unbekanntem anvertraut –, wartete er, daß es geschehe wie von selbst, daß jedes dort sich füge auf den Platz, der ihm im Ganzen zukam, gemäß dem eigenen Gewicht und Rang.

Es dauerte nicht lange, und er bemerkte, daß es dort draußen weniger wurde, als ob sich einige wegschlichen wie entlarvte Diebe, die das Weite suchen. Und ihm ging auf: Was er als seine eigenen Wünsche angesehen hatte, als seine eigenen Ängste, als seine eigenen Ziele, das hatte ihm ja nie gehört. Das kam ja ganz woanders her und hatte sich nur eingenistet. Doch jetzt war seine Zeit vorbei. Bewegung schien in das zu kommen, was dort vor ihm noch übrig war. Es kam zu ihm zurück, was wirklich ihm gehörte, und jedes stellte sich auf seinen rechten Platz. Kraft sammelte sich in seiner Mitte, und dann erkannte er sein eigenes, sein ihm gemäßes Ziel. Ein wenig wartete er noch, bis er sich sicher war. Dann stand er auf und ging.

Die Fülle

Ein Junger fragte einen Alten:
»Was unterscheidet dich,
der fast schon war,
von mir,
der ich noch werde?«

Der Alte sagte:
»Ich bin mehr gewesen.

Zwar scheint der junge Tag,
der kommt,
mehr als der alte,
weil der alte vor ihm schon gewesen.
Doch kann auch er,
obwohl er kommt,
nur sein, was er schon war,
und er wird mehr,
je mehr auch er gewesen.

Wie einst der alte,
steigt auch er am Anfang

steil zum Mittag auf,
erreicht noch vor der vollen Hitze den Zenit
und bleibt, so scheint es,
eine Zeitlang auf der Höhe –
bis er,
je länger desto mehr,
als ziehe ihn sein wachsendes Gewicht,
sich tief zum Abend neigt,
und er wird ganz,
wenn er,
so wie der alte,
ganz gewesen.

Doch was schon war,
ist nicht vorbei.
Es bleibt,
weil es gewesen,
wirkt,
obwohl es war,
und wird durch Neues nach ihm
mehr.
Denn wie ein runder Tropfen
aus einer Wolke, die vorüberzog,
taucht, was schon gewesen,
in ein Meer, das bleibt.

Nur was nie etwas werden konnte,
weil wir es nur erträumt,
doch nicht erfahren,
gedacht,
doch nicht getan,
und nur verworfen,
aber nicht als Preis für das, was wir gewählt, bezahlt,

das ist vorbei:
von ihm bleibt nichts.

Der Gott der rechten Zeit
erscheint uns daher wie ein Jüngling,
der vorne eine Locke
und hinten eine Glatze hat.
Von vorne können wir ihn bei der Locke fassen.
Von hinten greifen wir ins Leere.«

Der Junge fragte:
»Was muß ich tun,
damit aus mir,
was du schon warst,
noch wird?«

Der Alte sagte:
»Sei!«

Ordnungen der Liebe: zwischen Eltern und Kindern und innerhalb der Sippe

Zu Beginn sage ich etwas über das Zusammenwirken von Ordnung und Liebe. Es ist ein dichter Text, und ich spreche ihn langsam.

Ordnung und Liebe

Die Liebe füllt, was die Ordnung umfaßt.
Sie ist das Wasser, die Ordnung der Krug.

Die Ordnung sammelt,
die Liebe fließt.
Ordnung und Liebe wirken zusammen.

Wie sich ein klingend Lied den Harmonien fügt,
so fügt die Liebe sich der Ordnung.
Und wie das Ohr sich schwer gewöhnt
an Dissonanzen, auch wenn man sie erklärt,
so gewöhnt sich unsere Seele schwer
an Liebe ohne Ordnung.

Mit dieser Ordnung gehen manche um,
als wäre sie nur eine Meinung,
die sie beliebig haben oder ändern könnten.

Doch sie ist uns vorgegeben.
Sie wirkt, auch ohne daß wir sie verstehen.
Sie wird nicht gedacht, sie wird gefunden.
Wir erschließen sie, wie Sinn und Seele,
aus der Wirkung.

Die verschiedenen Ordnungen

Aus den Wirkungen also erschließen wir die Ordnungen der Liebe, und aus den Wirkungen erschließen wir die Gesetze, nach denen wir in der Liebe verlieren oder gewinnen. Dabei zeigt sich, daß Beziehungen der gleichen Art der gleichen Ordnung folgen, zum Beispiel Paarbeziehungen. Und daß Beziehungen verschiedener Art verschiedenen Ordnungen folgen. Daher sind die Ordnungen der Liebe anders für die Beziehung des Kindes zu seinen Eltern und anders für die Beziehungen innerhalb der Sippe. Sie sind anders für die Paarbeziehung zwischen Mann und Frau und anders für die Beziehung des Paares als Eltern zu ihren Kindern. Und sie sind anders für unsere Beziehung zum tragenden Ganzen, also für das, was wir als geistig oder religiös erfahren.

Eltern und Kinder

Zu den Ordnungen der Liebe zwischen Eltern und Kindern gehört als erstes, daß die Eltern geben und die Kinder nehmen. Die Eltern geben ihren Kindern, was sie vorher von ihren Eltern genommen haben, und was sie als Paar, der eine vom anderen nehmen. Die Kinder nehmen in erster Linie ihre Eltern als Eltern, und in zweiter Linie alles, was ihnen die Eltern sonst noch geben. Dafür geben die Kinder, was sie von ihren Eltern bekommen haben, später an andere weiter, vor allem als Eltern an eigene Kinder.

Wer gibt, der darf geben, weil er vorher genommen hat, und wer nimmt, der darf nehmen, weil er später auch gibt.

Wer früher war, der muß mehr geben, denn er hat auch schon mehr genommen, und wer später kommt, der muß noch mehr nehmen. Doch wird auch er, wenn er genügend genommen hat, später den Späteren geben. So fügen sich alle, ob sie nun geben oder nehmen, der gleichen Ordnung und folgen dem gleichen Gesetz.

Diese Ordnung gilt auch für das Geben und Nehmen zwischen Geschwistern. Wer früher da war, muß dem Späteren geben, und wer später kommt, muß vom Früheren nehmen. Wer gibt, der hat vorher genommen, und wer nimmt, der muß später auch geben. Daher gibt das erste Kind dem zweiten und dritten, das zweite nimmt vom ersten und gibt dem dritten, und das dritte nimmt vom ersten und zweiten. Das ältere Kind gibt mehr, und das jüngere nimmt mehr. Dafür pflegt das jüngste sehr oft im Alter die Eltern.

Conrad Ferdinand Meyer beschreibt diese Bewegung von oben nach unten anschaulich in seinem Gedicht:

Der römische Brunnen

Aufsteigt der Strahl und fallend gießt
er voll der Marmorschale Rund,
die, sich verschleiernd, überfließt
in einer zweiten Schale Grund;
die zweite gibt, sie wird zu reich,
der dritten ihre Flut,
und jede nimmt und gibt zugleich
und strömt und ruht.

Das Ehren

Zu den Ordnungen der Liebe zwischen Eltern und Kindern und zwischen den Geschwistern gehört als zweites, daß jeder, der nimmt, die Gabe, die er bekommen hat, und den Geber, von dem er genommen hat, ehrt. Wer so nimmt, der hält die empfangene Gabe ans Licht, bis sie leuchtet, und obwohl sie auch von ihm weiter nach unten fließt, fällt ihr Glanz auf den Geber zurück, wie wenn, um im Bild des römischen Brunnens zu bleiben, die untere Schale im Wasser, das sie von oben empfängt, das Wasser, das über ihr fließt, und darüber den Himmel, der oberen spiegelt.

Als drittes gehört zu den Ordnungen der Liebe in der Familie eine Rangfolge, die wie das Geben und Nehmen von oben nach unten verläuft, gemäß dem Früher und Später. Daher haben die Eltern Vorrang vor den Kindern, und das erste Kind hat Vorrang vor dem zweiten.

Der Fluß des Gebens und Nehmens von oben nach unten und der Fluß der Zeit von früher nach später kann weder aufgehalten noch rückgängig gemacht, noch in seiner Richtung verändert, noch von unten nach oben oder von später nach früher zurückgelenkt werden. Daher stehen die Kinder immer unter den Eltern und kommt das Spätere immer nach dem Früheren. Das Geben und Nehmen und mit ihm die Zeit fließen immer nur weiter, aber niemals zurück.

Das Leben

Es handelt sich beim Geben der Eltern und dem Nehmen der Kinder aber nicht um irgendein Geben und Nehmen, sondern um das Geben und Nehmen des Lebens. Die Eltern geben den Kindern, wenn sie ihnen das Leben geben, nicht etwas, was ihnen gehört. Sie geben den Kindern mit dem Leben sich selbst, so wie sie sind, ohne Zusatz und ohne Abstrich. Daher können die Eltern dem Leben, das sie so geben, weder etwas hinzufügen noch etwas davon weglassen oder für sich zurückbehalten. Und daher können auch die Kinder, wenn sie von den Eltern das Leben bekommen, dem nichts hinzufügen noch etwas davon weglassen oder zurückweisen. Denn sie haben ihre Eltern nicht nur. Sie sind ihre Eltern.

Zur Ordnung der Liebe gehört daher, daß das Kind sein Leben so nimmt, wie die Eltern es geben, als Ganzes, und daß es seinen Eltern zustimmt, wie sie sind, ohne irgendeinen anderen Wunsch und ohne Abwehr oder Furcht.

Dieses Nehmen ist ein demütiger Vollzug. Es bedeutet die Zustimmung zum Leben und zum Schicksal, wie es mir durch meine Eltern vorgegeben ist: zu den Grenzen, die mir dadurch gesetzt sind, zu den Möglichkeiten, die es mir schenkt, zu den Verstrickungen in das Schicksal dieser Familie, in die Schuld dieser Familie auch, in das Schwere und Leichte dieser Familie, was immer es ist.

Wir können die Wirkung solchen Nehmens in uns erfahren, wenn wir uns vorstellen, wir knien uns vor Vater und Mutter, verneigen uns tief, bis auf den Boden, legen die Arme nach vorne mit den Handflächen nach oben und sagen ihnen: »Ich gebe euch die Ehre.« Dann richten wir uns auf, schauen Vater und Mutter in die Augen und danken ihnen für das Geschenk des Lebens. Zum Beispiel, indem wir ihnen sagen:

Dank am Morgen des Lebens

»Liebe Mutter,
ich nehme es von dir,
alles, das Ganze,
mit allem Drum und Dran,
und zum vollen Preis, den es dich gekostet hat
und den es mich kostet.
Ich mache etwas daraus, dir zur Freude.
Es soll nicht umsonst gewesen sein.

Ich halte es fest und in Ehren,
und wenn ich darf, gebe ich es weiter, so wie du.

Ich nehme dich als meine Mutter,
und du darfst mich haben als dein Kind.

Du bist für mich die Richtige,
und ich bin dein richtiges Kind.

Du bist die Große, ich die (der) Kleine.
Du gibst, ich nehme – liebe Mutter.

Und ich freue mich, daß du den Vater genommen hast.
Ihr beiden seid die Richtigen für mich.
Nur ihr!«

Und dann das gleiche auch zum Vater:

»Lieber Vater,
ich nehme es auch von dir,
alles, das Ganze,
mit allem Drum und Dran,
und zum vollen Preis, den es dich gekostet hat
und den es mich kostet.

Ich mache etwas daraus, dir zur Freude.
Es soll nicht umsonst gewesen sein.

Ich halte es fest und in Ehren,
und wenn ich darf, gebe ich es weiter so wie du.

Ich nehme dich als meinen Vater,
und du darfst mich haben als dein Kind.

Du bist für mich der Richtige,
und ich bin dein richtiges Kind.

Du bist der Große, ich der (die) Kleine.
Du gibst, ich nehme – lieber Vater.

Ich freue mich, daß du die Mutter genommen hast.
Ihr beiden seid die Richtigen für mich.
Nur ihr!«

*

Wem dieser Vollzug gelingt, der ist mit sich selbst im reinen, und er weiß sich richtig und ganz.

Die Verweigerung

Manche meinen, wenn sie ihre Eltern auf diese Weise nehmen, daß dann auch etwas Schlimmes in sie einfließen könnte, etwas, das sie fürchten. Zum Beispiel eine Eigenart der Eltern, oder eine Behinderung, oder eine Schuld. Dann verschließen sie sich auch vor dem Guten der Eltern und nehmen nicht das Leben als Ganzes.
Viele von denen, die sich weigern, ihre Eltern als Ganzes zu nehmen, suchen diesen Mangel auszugleichen. Dann streben sie vielleicht nach der Selbstverwirklichung und nach Erleuchtung. Die Suche nach Selbstverwirklichung und nach Erleuchtung ist dann nur die heimliche Suche nach dem noch nicht genommenen Vater und der noch nicht genommenen Mutter. Wer aber seine Eltern ablehnt, der lehnt sich selber ab und fühlt sich entsprechend unverwirklicht, blind und leer.

Das Besondere

Es gibt aber noch ein anderes dabei zu beachten. Es ist ein Geheimnis. Ich kann es nicht begründen. Doch wenn ich davon rede, kommt mir eine unmittelbare Zustimmung entgegen. Denn jeder erfährt, daß er auch etwas Einzigartiges hat, das nicht von seinen Eltern abgeleitet werden kann. Auch dem müssen wir zustimmen. Das kann etwas Leichtes sein oder etwas Schweres, etwas Gutes oder auch etwas Böses. Wir können uns das nicht aussuchen. Doch was immer einer macht oder unterläßt, wofür er ist oder wogegen, er ist in den Dienst genommen, ob er will oder nicht. Wir erleben das wie eine Aufgabe oder wie eine Berufung, die nicht auf unserem Verdienst beruht. Auch nicht auf unserer Schuld, zum Beispiel wenn es etwas Schweres ist oder etwas Grausames vielleicht. Wir sind in den Dienst genommen, so oder so.

Die guten Gaben der Eltern

Nun geben uns die Eltern aber nicht nur das Leben. Sie nähren uns auch, erziehen uns, beschützen uns, sorgen für uns, geben uns ein Zuhause. Und es ist gemäß, daß wir es so nehmen, wie wir es von unseren Eltern bekommen. Damit sagen wir den Eltern: »Ich nehme alles – mit Liebe.« Das gehört natürlich dazu: »Ich nehme es mit Liebe.« Das ist eine Form des Nehmens, die gleichzeitig ausgleicht, weil die Eltern sich geachtet fühlen. Sie geben dann um so lieber.

Wenn wir so von unseren Eltern nehmen, ist es in der Regel genug. Es gibt Ausnahmen, die kennen wir alle. Es mag auch nicht immer sein, was und wieviel wir uns wünschen. Aber es ist in der Regel genug.

Wenn das Kind erwachsen geworden ist, sagt es den Eltern: »Ich habe viel bekommen, und es genügt. Ich nehme es mit in mein Leben.« Dann weiß sich das Kind zufrieden und reich. Und es fügt hinzu: »Den Rest mache ich selbst.« Auch das ist ein schöner Satz. Er macht selbständig. Dann sagt das Kind noch den Eltern: »Und jetzt lasse ich euch in Frieden.« Dann ist es von seinen Eltern gelöst, und dennoch behält es seine Eltern, und die Eltern behalten das Kind.

Wenn das Kind aber den Eltern sagt: »Ihr müßt mir noch mehr geben«, dann schließt sich das Herz der Eltern. Sie können dem Kind nicht mehr so gerne geben und so viel, weil es fordert. Und auch das Kind, selbst wenn es etwas bekommt, kann es nicht nehmen. Sonst würde ja sein Anspruch erlöschen.
Wenn ein Kind auf seinen Ansprüchen an die Eltern beharrt, kann es sich nicht von ihnen lösen. Denn der Anspruch bindet das Kind an die Eltern. Doch trotz dieser Bindung hat es seine Eltern nicht, und auch die Eltern haben nicht das Kind.

Das Persönliche der Eltern

Zusätzlich zu dem, was die Eltern sind und geben, haben sie auch etwas, was sie als Verdienst erworben oder als Verlust erlitten haben. Das gehört ihnen persönlich. Die Kinder nehmen daran nur mittelbar teil, aber die Eltern dürfen und können dieses Persönliche ihren Kindern nicht geben, und die Kinder dürfen und können es nicht von ihren Eltern nehmen. Denn hier ist jeder selbst seines Glücks und seines Unglücks Schmied.
Wenn ein Kind sich das persönliche Gute und den persönlichen Anspruch der Eltern ohne eigene Leistung und ohne eigenes erlittenes Schicksal und Leid als eigenes anzieht, dann erhebt es den Anspruch ohne die Sache und ohne den Preis.
Das dem Leben dienende Geben und Nehmen in der Familie wird in sein Gegenteil verkehrt, wenn ein Späterer für einen Früheren etwas Schlimmes übernimmt. Zum

Beispiel wenn ein Kind von seinen Eltern eine Schuld auf sich nimmt, oder eine Krankheit oder ein Schicksal, oder eine Verpflichtung oder erlittenes Unrecht. Denn der Frühere hat es nicht von einem Früheren als gute Gabe genommen, um es an Spätere weiterzugeben, sondern es gehört zu seinem persönlichen Schicksal und bleibt in seiner Verantwortung. Es gehört auch zu seiner Würde, und es hat, wenn er es nimmt und wenn es ihm andere lassen, eine besondere Kraft und ein besonderes Gutes. Dieses Gute kann er einem Späteren geben, doch ohne den Preis, den er dafür bezahlt hat.

Wenn nun ein Späterer für einen Früheren, und sei es aus Liebe, ein Schlimmes übernimmt, dann mischt sich ein Nachgeordneter in das Persönlichste eines Vorgeordneten ein und nimmt ihm und dem Schlimmen seine Würde und Kraft. Dann bleibt von dem Guten des Schlimmen für beide ohne die Sache nur noch der Preis.

Die Anmaßung

Die Ordnung des Gebens und Nehmen in der Familie wird auf den Kopf gestellt, wenn ein Späterer, statt daß er vom Früheren nimmt und ihn dafür ehrt, dem Früheren geben will, als sei er ihm gleich oder sogar überlegen. Zum Beispiel wenn Eltern von ihren Kindern nehmen und Kinder ihren Eltern geben wollen, was diese von ihren Eltern oder von ihrem Partner nicht nehmen. Denn dann wollen die Eltern nehmen wie Kinder, und die Kinder wollen geben wie Eltern. Dann soll das Geben und Nehmen statt von oben nach unten, entgegen der Schwerkraft, von unten nach oben fließen. Doch solches Geben kommt wie ein Bach, der bergauf statt bergab fließen will, dort, wo es hin will, nicht an.

Vor kurzem hatte ich in einer Gruppe eine Frau, deren Vater blind war und deren Mutter taub. Die beiden haben sich gut ergänzt. Die Frau aber meinte, daß sie sich um die Eltern kümmern müßte. Dann habe ich die Familie aufgestellt, wie ich das häufig mache, wenn ich Verborgenes ans Licht bringen will. Während der Aufstellung hat sich das Kind verhalten, als sei es groß und die Eltern klein. Doch die Mutter hat dem Kind gesagt: »Das mit dem Papa kann ich alleine.« Und der Vater hat ihm gesagt: »Das mit der Mama kann ich alleine. Wir brauchen dich nicht dazu.« Da war die Frau sehr enttäuscht. Sie wurde auf ihr Kindermaß zurückgestutzt.

In der folgenden Nacht konnte sie nicht schlafen, und sie hat gefragt, ob ich ihr helfen könne. Ich sagte ihr: »Wer nicht schlafen kann, meint, er müsse aufpassen.« Dann habe ich ihr die kleine Geschichte von Borchert über einen Jungen erzählt, der nach dem Krieg in Berlin auf seinen toten Bruder aufpaßt, damit ihn die Ratten nicht fressen. Das Kind war ganz erschöpft, weil es meinte, es müßte wachen. Dann kam ein freundlicher Mann und sagte: »Nachts schlafen die Ratten doch.« Und das Kind schlief ein. Die nächste Nacht hat die Frau besser geschlafen.

Wenn ein Kind gegen die Rangfolge des Gebens und Nehmens verstößt, dann bestraft es sich schwer, oft mit Scheitern und Untergang, und ohne daß es um die Schuld und den Zusammenhang weiß. Denn weil es, wenn es gibt oder nimmt, was ihm nicht zusteht, gegen die Ordnung aus Liebe verstößt, merkt es die Anmaßung nicht und meint, es sei gut. Die Ordnung aber läßt sich durch die

Liebe nicht überwinden. Denn vor aller Liebe wirkt in der Seele ein Gleichgewichtssinn, welcher der Ordnung der Liebe, selbst um den Preis des Glücks und des Lebens, zum Recht und zum Ausgleich verhilft. Daher ist der Kampf der Liebe gegen die Ordnung auch Anfang und Ende jeder Tragödie, und es gibt nur einen Weg des Entrinnens: Einsicht in die Ordnung und ihr dann folgen mit Liebe. Einsicht in die Ordnung ist Weisheit, und ihr folgen mit Liebe ist Demut.

Die Schicksalsgemeinschaft

Eltern und Kinder bilden zusammen auch eine Schicksalsgemeinschaft, in der jeder auf den anderen in vielfältiger Weise angewiesen ist, und in der jeder nach seinem Vermögen zum gemeinsamen Wohl beitragen muß. Hier gibt jeder und nimmt jeder. Hier geben auch die Kinder den Eltern, zum Beispiel wenn sie die Eltern im Alter pflegen, und hier fordern und nehmen die Eltern mit Recht von ihren Kindern.

Soviel also zu den Ordnungen der Liebe zwischen Eltern und Kindern.

Die Sippe

Die zweite für uns wichtige Beziehung entsteht zugleich mit unserer Beziehung zu unseren Eltern, denn wir gehören nicht nur zu unseren Eltern, wir gehören auch zu unserer Sippe. Mit unseren Eltern haben wir auch deren

Sippen und gehören nun zu einer Sippe, in der sich die Sippen von Vater und Mutter verbinden.
Eine Sippe verhält sich, als wäre sie zusammengehalten von einer alle Mitglieder bindenden Kraft und von einem in allen Mitgliedern gleichermaßen wirkenden Ordnungs- und Gleichgewichtssinn. Wen diese Kraft bindet und wen dieser Sinn noch berücksichtigt, der gehört auch zur Sippe. Und wen diese Kraft nicht mehr bindet und wen dieser Sinn nicht mehr berücksichtigt, der gehört auch nicht mehr zur Sippe. Daher läßt sich an der Reichweite dieser Kraft und dieses Sinnes ablesen, wer zur Sippe gehört.
In der Regel gehören zur Sippe:

1. das Kind und seine Geschwister, auch die toten und die totgeborenen;
2. die Eltern und ihre Geschwister, auch die toten und die totgeborenen sowie die unehelich geborenen und die Halbgeschwister;
3. die Großeltern;
4. manchmal noch der eine oder andere der Urgroßeltern;
5. und es gehören auch Nichtverwandte dazu, nämlich alle, die für andere in der Sippe Platz gemacht haben: zum Beispiel frühere Partner von Eltern oder Großeltern und alle, durch deren Unglück oder Tod andere in der Sippe einen Vorteil hatten.

Die Sippenbindung

Die Mitglieder der Sippe sind aneinandergebunden, als wären sie eine Schicksalsgemeinschaft, in der das schlimme Schicksal eines Mitglieds alle anderen mitbetrifft und sie veranlaßt, es mit ihm teilen zu wollen. Wenn zum Beispiel in einer Familie ein Geschwister früh stirbt, dann wollen andere Geschwister ihm nachfolgen. Auch Eltern oder Großeltern wollen manchmal sterben, weil sie einem toten Kind oder Enkel nachfolgen wollen. Oder wenn der eine Ehepartner stirbt, will oft auch der andere sterben. Dann sagen die Lebenden den Toten innerlich: »Ich folge dir nach.« Viele, die eine lebensbedrohende Krankheit haben, zum Beispiel Krebs, oder die schwere Unfälle haben oder selbstmordgefährdet sind, stehen unter dem Druck der Schicksalsbindung und Bindungsliebe und sagen innerlich: »Ich folge dir nach.«

Eng damit verbunden ist die Vorstellung, daß der eine für den anderen eintreten kann. Das heißt, daß er stellvertretend für ihn Leiden und Sühne und Sterben auf sich nehmen kann und den anderen so von seinem schlimmen Schicksal erlöst. Der innere Satz hinter diesem Verhalten lautet: »Lieber ich als du.«

Wenn zum Beispiel ein Kind sieht, daß ein Mitglied seiner Sippe schwer krank ist dann sagt es innerlich: »Lieber werde ich krank als du.« Oder wenn ein Kind sieht, daß jemand schwere Schuld auf sich geladen hat, für die er sühnen muß, dann sagt es: »Lieber sühne ich als du.« Oder wenn ein Kind sieht, daß ihm Nahestehende aus der Familie gehen oder sterben wollen, dann sagt es innerlich: »Lieber verschwinde ich als du.«

Auffällig dabei ist, daß es vor allem die jüngeren Mitglieder der Sippe sind, die stellvertretend leiden, sühnen und sterben wollen, also vor allem die Kinder. Es gibt diese Stellvertretung aber auch zwischen Paaren.

Anzumerken bleibt hier, daß dieser Vorgang weitgehend unbewußt abläuft, daß ihn also die Betroffenen nicht durchschauen, weder die stellvertretend Handelnden noch jene, denen dieses Handeln helfen soll. Wer aber um die Schicksalsbindungen weiß, kann sich wissend aus ihnen lösen. Besonders eindrücklich kommen die Schicksalsbindungen beim Familien-Stellen ans Licht.

Die Vollkommenheit

Eng mit der Schicksalsbindung hängt der Erhalt der Vollkommenheit in der Sippe zusammen. Das heißt, daß in der Sippe ein machtvoller, in allen Mitgliedern gleichermaßen wirkender Ordnungssinn darüber wacht, daß jeder, der zur Sippe gehört, ihr auch erhalten bleibt, auch über den Tod hinaus. Denn die Sippe umfaßt sowohl die Lebenden als auch die Toten, gewöhnlich bis in die dritte und manchmal sogar noch bis in die vierte und fünfte Generation. Wenn daher der Sippe ein Mitglied verlorengeht, zum Beispiel, weil ihm die Zugehörigkeit abgesprochen wird, oder auch nur, weil es vergessen wird, dann gibt es innerhalb der Sippe ein unwiderstehliches Bedürfnis, die verlorene Vollkommenheit wiederherzustellen. Das geschieht, indem das verlorene Mitglied durch ein anderes, späteres über Identifizierung gleichsam wiederbelebt und vertreten wird.
Auch dieser Vorgang läuft unbewußt ab, und auch hier trifft die Last, die Vollkommenheit wiederherzustellen, in erster Linie die Kinder. Ich bringe dazu ein eher vordergründiges Beispiel.
Ein verheirateter Mann lernt eine andere Frau kennen und sagt der ersten: »Ich will nichts mehr von dir wissen.« Wenn

er dann mit seiner neuen Frau Kinder hat, wird ein Kind die verlassene erste Frau vertreten und den Vater vielleicht mit dem gleichen Haß bekämpfen, den die Verlassene hat, oder sich mit der gleichen Traurigkeit wie die Verlassene von ihm zurückziehen. Es weiß aber nicht, daß es die Ausgeschlossene vergegenwärtigt und zur Geltung bringt. Und seine Eltern wissen es auch nicht.

Die Sippenhaftung

In der Sippe müssen also unschuldige Mitglieder für die schuldigen haften. Damit soll das Unrecht an Früheren oder das Unrecht der Früheren durch Spätere wiedergutgemacht und ausgeglichen werden. Es sind vor allem die Kinder, die von der übergeordneten Instanz am ehesten zum Ausgleich für Unrecht herangezogen werden. Das hat wohl damit zu tun, daß innerhalb der Sippe auch eine Rangordnung herrscht, nach der die Früheren Vorrang vor den Späteren haben und die Späteren den Früheren dienen und die Späteren dem Wohl der Früheren auch geopfert werden. Daher herrscht in der Sippe mit Bezug auf den Ausgleich keine Gerechtigkeit wie unter Gleichen.

Das gleiche Recht auf Zugehörigkeit

Es gilt aber innerhalb der Sippe das Grundgesetz, daß jeder, der dazugehört, auch das gleiche Recht auf Zugehörigkeit hat. In vielen Familien und Sippen aber wird Mitgliedern dieses Recht verwehrt. Wenn zum Beispiel ein verheirateter Mann ein uneheliches Kind hat, sagt manchmal seine Frau: »Von diesem Kind und seiner Mutter will ich nichts wissen, die gehören nicht dazu.« Oder wenn ein Familienmitglied ein schweres Schicksal hatte, zum Beispiel, wenn die erste Frau des Großvaters im Kindbett starb, dann macht ihr Schicksal den anderen Angst, und sie lassen sie unerwähnt, als gehöre sie nicht mehr dazu. Oder es wird einem Familienmitglied, das abweichendes Verhalten zeigt, von den anderen gesagt: »Du bist für uns eine Schande, und deshalb schließen wir dich aus.«

Sehr viel überhebliche Moral heißt in der Praxis nichts anderes, als daß die einen den anderen sagen: »Wir haben mehr Recht dazuzugehören als ihr.« Und: »Ihr habt weniger Recht dazuzugehören als wir.« Oder auch: »Ihr habt euer Recht auf Zugehörigkeit verspielt.« Gut heißt dann nichts anderes als: »Ich habe mehr Rechte«, und Böse heißt nichts anderes als: »Du hast weniger Rechte.«

Auch früh verstorbenen oder totgeborenen Kindern wird dieses Recht oft abgesprochen, zum Beispiel indem sie vergessen werden. Manchmal ist es auch so, daß Eltern dem folgenden Kind den Namen des toten Kindes geben. Damit sagen sie gleichsam dem toten Kind: »Du gehörst nicht mehr dazu, für dich haben wir einen Ersatz.« Dann behält das tote Kind nicht einmal mehr seinen Namen.

Wenn die Mitglieder einer Sippe einem Früheren sein Recht auf Zugehörigkeit verweigern, sei es, weil sie ihn verachten oder weil sie sein Schicksal fürchten, oder weil sie nicht anerkennen wollen, daß er für Spätere Platz gemacht hat, oder wenn sie nicht anerkennen, was sie ihm sonst noch verdanken, dann ahmt ihn ein Späterer unter dem Druck des Ausgleichssinns über Identifizierung nach, ohne daß er das merkt und ohne daß er sich dagegen

wehren kann. Wo immer also einem Mitglied diese Zugehörigkeit verweigert wird, gibt es in der Sippe einen unwiderstehlichen Drang, die verlorene Vollkommenheit wiederherzustellen und das geschehene Unrecht auszugleichen, eben indem das ausgeschlossene Mitglied vertreten und nachgeahmt wird.
Damit hängt auch zusammen, daß überlebende Familienmitglieder einem früh verstorbenen gegenüber oft ein Schuldgefühl haben, weil sie ihr Leben gegenüber den Toten als Unrecht empfinden. Dann wollen sie das Unrecht ausgleichen, indem sie ihr Leben einschränken, ohne daß sie wissen, wieso.

Der Verlust der Zugehörigkeit

Wenn aber ein Mitglied der Sippe ein anderes umbringt, hat es sein Recht auf Zugehörigkeit verspielt. Es muß ausgeschlossen werden. Wenn es dennoch weiterhin in der Sippe verbleibt, geht an seiner Stelle oft ein anderes Mitglied, meistens wieder ein Kind. Daher ist Milde gegenüber dem Mörder Härte gegenüber einem unschuldigen Kind. Übrigens gilt das auch für Morddrohungen und Mordversuche. Abtreibungen aber fallen nicht unter dieses Sippengesetz, obwohl sie für die Eltern persönlich manchmal ähnliche Folgen haben. Abgetriebene Kinder werden in der Regel nicht von anderen Kindern vertreten.
Auch andere Mörder verlieren ihr Recht auf Zugehörigkeit, vielleicht weil in der Seele die Ordnung der Blutrache noch unbewußt weiterwirkt. Ihr Ausschluß wäre dann eine Wiedergutmachung an das System des Opfers. Auch hier

gilt: Wenn der Täter nicht geht, geht für ihn oft ein Unschuldiger, und wieder meistens ein Kind.

Die Ordnungen der Liebe

Es herrscht also in der Sippe eine archaische Ordnung, die das Unglück und Leid mehrt, statt daß sie ihm wehrt. Denn wenn unter dem Druck eines blinden Ausgleichssinns ein Nachgeordneter für einen Vorgeordneten etwas Vergangenes nachträglich noch in Ordnung bringen will, dann ist des Bösen kein Ende. Diese Ordnung behält ihre Kraft, solange sie unbewußt bleibt. Wenn sie aber am Licht ist, können wir sie auf andere Weise und ohne ihre schlimmen Folgen erfüllen. Dann kommen andere Ordnungen zum Zuge, die auch mit Bezug auf den Ausgleich den Späteren die gleichen Rechte wie den Früheren geben. Ich nenne diese Ordnungen *Ordnungen der Liebe*. Doch im Gegensatz zur blinden Liebe, die in der Sippe Schlimmes durch Schlimmes auszugleichen versucht, ist diese Liebe wissend. Sie gleicht auf heilende Weise aus und setzt dem Schlimmen durch Gutes ein Ende.

An einigen Beispielen sei das verdeutlicht. Zuerst mit Bezug auf die Sätze: »Ich folge dir nach« und »Lieber ich als du«.

Wenn jemand innerlich solche Sätze sagt, dann lasse ich ihn diese Sätze im Angesicht der Person sagen, der er nachfolgen will oder an derer Stelle er zu leiden oder zu sühnen oder zu sterben bereit ist. Wenn er dieser Person dabei in die Augen schaut, kann er die Sätze nicht mehr sagen. Denn dann erkennt er, daß auch diese Person liebt und daß sie ein solches Angebot ablehnen würde. Der nächste Schritt wäre, daß er dieser Person sagt: »Du bist groß, und ich bin klein. Ich verneige mich vor deinem Schicksal, und ich nehme meines, wie es mir geschenkt ist. Bitte segne mich, wenn ich bleibe und wenn ich dich gehen lasse – mit Liebe.« Dann ist er mit dieser Person mit einer viel tieferen Liebe verbunden, als wenn er ihr nachfolgen oder ihr Schicksal stellvertretend auf sich nehmen will. Und diese Person wird nun, statt daß sie sein Glück bedroht, wie er vielleicht befürchtet hatte, darüber wachen mit Liebe.

Oder wenn jemand einem Verstorbenen nachfolgen will in den Tod, zum Beispiel ein Kind einem früh verstorbenen Geschwister, dann kann es ihm sagen: »Du bist mein Bruder – oder meine Schwester –, ich achte dich als meinen Bruder und als meine Schwester. In meinem Herzen hast du einen Platz. Und ich verneige mich vor deinem Schicksal, wie immer es war, und ich stehe zu meinem Schicksal, wie es mir bestimmt ist.« Statt daß dann die Lebenden zu den Toten kommen, kommen die Toten zu den Lebenden und wachen über sie mit Liebe.

Oder wenn ein Kind sich schuldig fühlt, weil es lebt, während sein Geschwister tot ist, kann es dem toten Geschwister sagen: »Lieber Bruder, liebe Schwester, du bist tot, ich lebe noch ein bißchen, dann sterbe ich auch.« Dann hört die Anmaßung gegenüber den Toten auf, und gerade deswegen kann das überlebende Kind leben, ohne sich schuldig zu fühlen.

Oder wenn ein Sippenmitglied ausgeschlossen oder vergessen wurde, kann die Vollkommenheit wiederhergestellt werden, indem die Ausgeschlossenen anerkannt und geachtet werden. Das ist in erster Linie ein innerer Vorgang. Dann müßte zum Beispiel eine zweite Frau der ersten sagen: »Du bist die erste, ich bin die zweite. Ich erkenne an, daß du für mich Platz gemacht hast.« Wenn der ersten Frau Unrecht getan wurde, kann sie hinzufügen: »Ich erkenne an, daß dir Unrecht geschah und daß ich meinen Mann auf deine Kosten habe.« Und sie kann sagen: »Bitte sei freundlich zu mir, wenn ich meinen Mann als meinen Mann nehme und behalte, und bitte sei freundlich zu meinen Kindern.« Bei Familienaufstellungen kann man sehen, wie sich das Gesicht der ersten Frau löst und wie sie zustimmt, weil sie geachtet wird. Dann ist die Ordnung wiederhergestellt, und ein Kind braucht sie nicht mehr zu vertreten.

Ich bringe noch ein Beispiel:
Ein junger Mann, Unternehmer und Alleinvertreter eines Produktes in seinem Land, kommt mit einem Porsche vorgefahren und erzählt von seinen Erfolgen. Es ist offensichtlich, daß er etwas kann, und er hat einen unwiderstehlichen Charme.
Aber er trinkt, und sein Buchhalter macht ihn darauf aufmerksam, daß er zu viel Geld für private Zwecke aus der Firma nimmt und das Unternehmen dadurch gefährdet. Trotz seiner bisherigen Erfolge hatte er es insgeheim doch darauf abgesehen, wieder alles zu verlieren.
Es stellte sich heraus, daß seine Mutter ihren ersten Mann weggeschickt hatte, weil er, wie sie sagte, ein Schlappschwanz sei. Dann heiratete sie den Vater dieses jungen Mannes und brachte aus der ersten Ehe einen Sohn in diese neue Ehe mit. Dieser aber durfte seinen leiblichen Vater in Zukunft nicht mehr sehen, und bis zu diesem Tag hatte er keine Verbindung zu ihm aufgenommen. Ja, er wußte nicht einmal, ob sein Vater noch lebte.
Der junge Unternehmer merkte, daß er sich nicht traute, auf Dauer Erfolg zu haben, weil er sein Leben dem Un-

glück seines Bruders verdankte, und er fand die folgende Lösung.

Als erstes konnte er anerkennen, daß die Ehe seiner Eltern und sein eigenes Leben in einem schicksalhaften Zusammenhang standen mit dem Verlust, den sein Bruder und dessen Vater erleiden mußten.

Zweitens konnte er sein Glück trotzdem bejahen und den anderen sagen, daß er sich ihnen als gleichberechtigt und ebenbürtig zumuten werde.

Drittens war er bereit, seinem Bruder einen besonderen Dienst zu erweisen, als Anerkennung seiner Bereitschaft, Nehmen und Geben auszugleichen. Daher nahm er sich vor, den verschollenen Vater seines Bruders ausfindig zu machen und ein Wiedersehen der beiden zu vermitteln.

*

Wo die Ordnungen der Liebe herrschen, hört die Sippenhaftung für geschehenes Unrecht auf. Denn die Schuld und deren Folgen bleiben dort, wohin sie gehören, und an die Stelle des dumpfen Ausgleichsbedürfnisses im Bösen, das fortzeugend Böses aus Bösem gebiert, tritt nun der Ausgleich im Guten. Er gelingt, wenn die Späteren von den Früheren nehmen, was immer der Preis ist, und wenn sie die Früheren ehren, was immer sie sonst noch getan, und wenn das Vergangene, ob schlimm oder gut, auch vergangen sein darf. Die Ausgeschlossenen bekommen dann wieder ihr Gastrecht, und statt uns zu ängstigen, bringen sie Segen. Und wir, wenn wir ihnen in unserer Seele den Platz, der ihnen gebührt, auch gewähren, sind mit ihnen im Frieden und fühlen uns, weil wir alle, die zu uns gehören, auch haben, vollkommen und ganz.

Ordnungen der Liebe: zwischen Mann und Frau und in bezug zum tragenden Ganzen

Ich befasse mich zuerst ausführlich mit den Ordnungen der Liebe in der Beziehung zwischen Mann und Frau und beginne mit dem Naheliegenden.

Mann und Frau

Den Mann zieht es zur Frau, weil ihm als Mann die Frau fehlt. Und die Frau zieht es zum Mann, weil ihr als Frau der Mann fehlt. Denn das Männliche ist auf das Weibliche bezogen. Daher braucht der Mann, um Mann zu sein, die Frau. Und das Weibliche ist auf das Männliche bezogen, und daher braucht die Frau, um Frau zu sein, den Mann. Der Mann wird also erst zum Mann, wenn er sich eine Frau zur Frau nimmt, und die Frau wird erst zur Frau, wenn sie sich einen Mann zum Mann nimmt. Erst wenn der Mann eine Frau zu seiner Frau macht und sie zur Frau hat, und erst wenn die Frau den Mann zu ihrem Mann macht und ihn zum Mann hat, sind sie Mann und Frau und werden als dieser Mann und diese Frau ein Paar.
Zur Ordnung der Liebe zwischen Mann und Frau gehört daher als erstes, daß der Mann die Frau zur Frau und daß die Frau den Mann zum Mann will. Wenn daher in einer Paarbeziehung der Mann oder die Frau sich mehr aus anderen Gründen wollen, zum Beispiel zum Vergnügen oder zur Versorgung, oder weil der andere reich ist oder arm, gebildet oder einfach, katholisch oder evangelisch,

oder weil sie ihn erobern oder schützen oder bessern oder retten wollen, oder weil sie ihn, wie man so schön sagt, als Vater oder Mutter ihrer Kinder wollen, dann ist das Fundament auf Sand gebaut und im Apfel schon der Wurm.

Vater und Mutter

Zu den Ordnungen der Liebe in Beziehung zwischen Mann und Frau gehört als zweites, daß Mann und Frau zusammen auf ein Drittes hingeordnet sind, und daß ihr Männliches und Weibliches sich erst im Kind vollendet. Denn erst als Vater wird der Mann im vollen Sinn zum Mann, und erst als Mutter wird die Frau im vollen Sinn zur Frau, und erst im Kind werden Mann und Frau im vollen Sinn und für alle sichtbar unauflöslich eins. Dennoch gilt, daß ihre Liebe als Eltern zum Kind ihre Liebe als Paar nur fortsetzt und krönt. Denn ihre Liebe als Paar geht ihrer Liebe als Eltern voraus, und wie die Wurzel den Baum, so trägt und nährt ihre Liebe als Paar auch ihre Liebe als Eltern zum Kind.

Wenn daher ihre Liebe zueinander als Paar aus vollem Herzen fließt, dann fließt aus vollem Herzen auch ihre Liebe als Eltern zum Kind. Und wenn ihre Liebe zueinander als Paar verkümmert, verkümmert auch ihre Liebe als Eltern zum Kind. Was immer der Mann und die Frau an sich und am Partner bewundern und lieben, das bewundern und lieben sie auch an ihrem Kind. Und was immer den Mann und die Frau an sich und am Partner ärgert und stört, das ärgert und stört sie auch an ihrem Kind.

Was daher den Eltern in ihrer Paarbeziehung an Achtung und Liebe und Hilfe gegenüber dem Partner gelingt, das gelingt ihnen auch gegenüber dem Kind. Und was ihnen

in ihrer Paarbeziehung an Achtung und Liebe und Hilfe gegenüber dem Partner mißlingt, das mißlingt ihnen auch gegenüber dem Kind.
Wenn aber ihre Liebe als Eltern zum Kind ihre Liebe zueinander nur fortsetzt und krönt, dann fühlt sich ihr Kind von beiden Eltern gesehen, genommen, geachtet, geliebt und weiß sich in Ordnung und gut.

Das Begehren

Zu einem berühmten Therapeuten kam ein Ehepaar und bat um Hilfe. Sie sagten: »Jede Nacht mühen wir uns nach Kräften, unserer Verantwortung für die Erhaltung des Menschengeschlechts gerecht zu werden, und doch konnten wir, trotz aller Anstrengung, den hehren Auftrag bisher noch nicht erfüllen. Was haben wir wohl falsch gemacht, und was müssen wir noch lernen und tun?«
Der Therapeut erklärte ihnen, sie müßten ihm nur schweigend zuhören und anschließend, ohne miteinander zu reden, sofort nach Hause gehen. Und sie stimmten zu.
Dann sagte er ihnen: »Jede Nacht müht ihr euch nach Kräften, eurer Verantwortung für die Erhaltung des Menschengeschlechts gerecht zu werden, und doch konntet ihr, trotz aller Anstrengung, den hehren Auftrag bisher noch nicht erfüllen. Warum laßt ihr eurer Leidenschaft nicht einfach ihren Lauf?« Und er wies sie hinaus.
Sie standen auf und eilten nach Hause, so als könnten sie es nicht mehr erwarten. Kaum waren sie allein, fielen die Hüllen, und sie liebten sich mit Leidenschaft und Lust. Nach vierzehn Tagen war die Frau schwanger.

Eine andere Frau, schon etwas über die Jahre, gab in einem Anfall von Torschlußpanik eine Annonce in die Zeitung: »Krankenschwester sucht Witwer mit Kindern zur Heirat.« Welche Aussicht auf Innigkeit hätte diese Beziehung gehabt? Sie hätte auch schreiben können: »Frau begehrt Mann. Wer begehrt mich?«

Der Vollzug

Die Scheu, unser Intimstes beim Namen zu nennen und es in einer Paarbeziehung als erstes und nächstes zu wollen, hängt wohl damit zusammen, daß in unserer Kultur der Vollzug der Liebe von Mann und Frau vielen fast wie etwas Unanständiges und wie unwürdige Notdurft erscheint. Und doch ist es der größtmögliche menschliche Vollzug. Kein anderes menschliches Tun ist mehr im Einklang mit der Ordnung und Fülle des Lebens und nimmt uns umfassender für das Ganze der Welt in die Pflicht. Kein anderes menschliches Tun bringt uns solch selige Lust und, in ihrem Gefolge, solch liebendes Leid. Kein anderes menschliches Tun ist folgenschwerer und risikoreicher, trotzt uns auch das Letzte noch ab und macht uns so wissend und weise und menschlich und groß, als wenn ein Mann eine Frau und eine Frau einen Mann liebend nimmt und erkennt. Dem gegenüber erscheint alles andere menschliche Tun nur als Vorbereitung und Hilfe, oder als Folge, vielleicht noch als Zugabe, oder aber wie Mangel und Ersatz.
Der Vollzug der Liebe von Mann und Frau ist zugleich unser demütigstes Tun. Nirgendwo sonst geben wir uns solch eine Blöße und offenbaren so schutzlos die Stelle, an

der wir am verletzlichsten sind; und nichts schützen wir daher auch mit solch tiefer Scham als den Ort, an dem Mann und Frau sich liebend begegnen und sich ihr Intimstes zeigen und anvertrauen.
Und der Vollzug der Liebe von Mann und Frau ist unser mutigstes Tun. Denn wenn Mann und Frau sich für den Rest ihres Lebens verbinden, schauen sie, obwohl noch am Anfang und vor der Erfüllung, schon dem Ende ins Auge, sehen ihre Grenze und finden ihr Maß.

Die Paarbindung

Durch den Vollzug der Liebe verläßt der Mann nach einem schönen Wort der Bibel Vater und Mutter und hängt seinem Weibe an, und beide werden zu einem Fleisch. Dasselbe gilt auch für die Frau. Diesem Bild entspricht ein Vorgang in der Seele, den wir durch seine Wirkung als wirklich erfahren, denn er bewirkt eine Bindung, die sich, auch wenn wir es anders wollen, als unaufhebbar und daher auch als nicht wiederholbar erweist.
Man könnte einwenden, daß eine Scheidung und eine ihr folgende neue Beziehung das Gegenteil beweisen. Doch eine zweite Beziehung wirkt anders als eine erste. Ein zweiter Mann und eine zweite Frau spüren die Bindung ihres Partners an seine erste Frau oder an ihren ersten Mann. Das zeigt sich darin, daß ein zweiter Mann und eine zweite Frau sich nicht trauen, den neuen Partner als ihren Mann oder als ihre Frau im vollen Sinn wie den ersten zu nehmen und ihn als ihren Mann oder als ihre Frau auch zu behalten. Denn beide Partner erfahren die zweite Beziehung der

ersten gegenüber wie Schuld. Das gilt auch dann, wenn der erste Partner verstorben ist, denn wirklich getrennt werden wir vom ersten Partner nur durch den eigenen Tod.
Ein zweite Beziehung gelingt daher nur, wenn die Bindung an frühere Partner anerkannt und gewürdigt wird und wenn die neuen Partner wissen, sie bleiben den früheren nachgeordnet und stehen bei ihnen in Schuld. Doch eine Bindung im ursprünglichen Sinn wie in einer ersten Beziehung bleibt ihnen versagt. Deswegen werden bei der Trennung einer zweiten Beziehung Schuld und Verpflichtung in der Regel geringer erlebt als beim Bruch einer ersten Beziehung.
Ich bringe dazu ein Beispiel.

Die Eifersucht

Eine Frau erzählte in einer Gruppe, sie quäle ihren Mann mit ihrer Eifersucht, und obwohl sie das Widersinnige ihres Verhaltens erkenne, könne sie ihr nicht widerstehen. Der Gruppenleiter zeigte ihr die Lösung. Er sagte: »Du wirst deinen Mann verlieren, über kurz oder lang. Genieße ihn in der Zwischenzeit!« Die Frau lachte und war erleichtert. Wenige Tage später rief ihr Mann den Gruppenleiter an und sagte: »Ich danke dir für meine Frau.«
Der Mann hatte viele Jahre vorher mit einer Freundin bei diesem Gruppenleiter einen Kurs besucht. Während des Kurses erklärte er vor allen Teilnehmern und ohne auf den Schmerz seiner Freundin Rücksicht zu nehmen, er habe eine neue, jüngere Freundin und werde sich von seiner jetzigen trennen. Mit ihr hatte er schon sieben Jahre

zusammengelebt. Danach besuchte er wieder einen Kurs, diesmal mit seiner neuen Freundin. Während des Kurses wurde sie schwanger, und wenig später heirateten sie. Nun wurde dem Gruppenleiter der Sinn ihrer Eifersucht klar. Diese Frau hatte nach außen hin die Bindung ihres Mannes an die frühere Freundin geleugnet, und sie verlieh ihrem Anspruch auf ihn durch ihre Eifersucht auch öffentlich Nachdruck. Im geheimen aber anerkannte sie die frühere Bindung und ihre eigene Schuld. Ihre Eifersucht war daher nicht etwa der Beweis für eine Schuld des Mannes ihr gegenüber, sondern ein heimliches Zugeständnis, daß sie seiner nicht würdig war und daß eine von ihr provozierte Trennung ihr als der einzige Weg zur Anerkennung der noch bestehenden Bindung erschien und als ein Beweis ihrer Solidarität mit seiner früheren Freundin.

Das Fleisch

Die besondere und in einem tiefen Sinn unauflösliche Bindung zwischen Mann und Frau entsteht durch den Vollzug ihrer Liebe. Nur er macht den Mann und die Frau zum Paar, und nur er macht das Paar auch zu Eltern. Geistige Liebe allein und die öffentliche Anerkennung ihrer Beziehung genügen dazu nicht. Wenn daher dieser Vollzug beeinträchtigt wird, zum Beispiel weil der Mann oder die Frau sich schon vor der Beziehung sterilisieren ließen, entsteht auch keine Bindung, selbst wenn die Partner es wollen. Daher bleiben solche Beziehungen unverbindlich, und die Partner trifft, wenn sie sich trennen, weder Verpflichtung noch Schuld.

Wenn der Vollzug der Liebe nachträglich beeinträchtigt wird, zum Beispiel durch eine Abtreibung, dann entsteht ein Bruch in der Beziehung, obwohl die Bindung bleibt. Wenn der Mann und die Frau dennoch zusammenbleiben wollen, dann müssen sie sich ein zweites Mal füreinander entscheiden und miteinander leben, als sei es ihre zweite Beziehung. Denn die erste ist in der Regel vorbei.

Im Vollzug der Liebe zeigt sich die Überlegenheit des Fleisches über den Geist, und es zeigt sich seine Wahrhaftigkeit und Größe. Zwar sind wir manchmal versucht, das Fleisch gegenüber dem Geist abzuwerten, so als sei was aus Trieb und Bedürfnis und Sehnsucht und Liebe geschieht geringer, als was uns Vernunft und sittlicher Wille gebieten. Doch das Triebhafte erweist seine Weisheit und Kraft gerade dort, wo das Vernünftige und Sittliche an seine Grenzen stößt und versagt. Denn durch den Trieb wirkt ein höherer Geist und ein tieferer Sinn, vor dem unsere Vernunft und unser sittliches Wollen, wenn es schwer wird, zurückschreckt und flieht.

Wenn zum Beispiel ein Kind ins Wasser fällt, und ein Mann springt hinterher, um es zu retten, dann macht er das nicht etwa aus vernünftiger Überlegung und sittlichem Wollen. Nein! Er macht es triebhaft. Aber ist es deswegen weniger richtig und mutig und gut?

Oder wenn ein Vogel sein Weibchen ansingt und sie sich paaren, ein Nest bauen, brüten, Junge bekommen und sie füttern, wärmen, verteidigen und führen, ist es etwa weniger wunderbar, nur weil es triebhaft geschieht?

Der Basso continuo

Eine Paarbeziehung wird aufgeführt wie ein Barockkonzert. Eine Vielfalt schönster Melodien erklingt in der Höhe, und darunter erklingt ein Basso continuo, der die Melodien führt und eint und trägt und ihnen ihr Gewicht und ihre Fülle gibt. In einer Paarbeziehung lautet der Basso continuo: »Ich nehme dich, ich nehme dich, ich nehme dich. Ich nehme dich zu meiner Frau. Ich nehme dich zu meinem Mann. Ich nehme dich und gebe mich – mit Liebe.«

Der Mangel

Damit die Paarbeziehung zwischen Mann und Frau hält, was sie verspricht, muß der Mann ein Mann sein und ein Mann bleiben, und die Frau muß eine Frau sein und eine Frau bleiben. Daher muß der Mann darauf verzichten, sich das Weibliche als etwas Eigenes anzueignen und es zu haben, als könnte er selbst eine Frau werden und eine Frau sein. Und die Frau muß darauf verzichten, sich das Männliche als etwas Eigenes anzueignen und es zu haben, als könnte sie selbst ein Mann werden und ein Mann sein. Denn in der Paarbeziehung ist der Mann für eine Frau nur dann bedeutsam, wenn er ein Mann ist und ein Mann bleibt. Und die Frau ist für den Mann nur dann bedeutsam, wenn sie eine Frau ist und eine Frau bleibt.
Wenn der Mann in sich selbst das Weibliche entwickeln und haben könnte, bräuchte er keine Frau; und wenn die Frau in sich selbst das Männliche entwickeln und haben könnte, bräuchte sie keinen Mann. Daher leben viele

Männer und Frauen, die in sich die Eigenschaften des anderen Geschlechts entwickeln, allein. Sie genügen sich selbst.

Vaters Sohn und Mutters Tochter

Zur Ordnung der Liebe zwischen Mann und Frau gehört also auch der Verzicht. Er beginnt bereits in der Kindheit. Denn um Mann zu werden, muß der Sohn auf die erste Frau in seinem Leben, nämlich auf seine Mutter, verzichten; und um Frau zu werden, muß die Tochter auf den ersten Mann in ihrem Leben, nämlich auf ihren Vater, verzichten. Daher muß der Sohn schon früh aus dem Bannkreis der Mutter in den Bannkreis des Vaters treten; und die Tochter muß schon früh aus dem Bannkreis des Vaters zurück in den Bannkreis der Mutter treten. Im Bannkreis seiner Mutter bringt es der Sohn oft nur zum Jüngling und zum Frauenhelden, aber nicht zum Mann; und im Bannkreis ihres Vaters bringt es die Tochter oft nur zum Mädchen und zur Geliebten, aber nicht zur Frau.

Wenn Mutters Sohn Vaters Tochter heiratet, sucht der Mann sich oft Ersatz für seine Mutter und findet ihn in einer Geliebten; und die Frau sucht sich oft Ersatz für ihren Vater und findet ihn in einem Geliebten. Wenn aber Vaters Sohn Mutters Tochter heiratet, werden sie eher ein verläßliches Paar.

Übrigens versteht sich Vaters Sohn oft gut mit seinem Schwiegervater, und Mutters Tochter versteht sich gut mit ihrer Schwiegermutter. Umgekehrt versteht sich Mutters

Sohn oft gut mit seiner Schwiegermutter und schlecht mit seinem Schwiegervater, und Vaters Tochter versteht sich gut mit ihrem Schwiegervater und schlecht mit ihrer Schwiegermutter.

Anima und Animus

Wenn der Sohn im Bannkreis seiner Mutter bleibt, überschwemmt das Weibliche seine Seele. Es hindert ihn, seinen Vater zu nehmen, und engt damit sein Männliches ein. Und wenn die Tochter im Bannkreis ihres Vaters bleibt, überschwemmt das Männliche ihre Seele. Es hindert sie, ihre Mutter zu nehmen, und engt damit ihr Weibliches ein. Das Weibliche in der Seele des Mannes nennt C. G. Jung die Anima; und das Männliche in der Seele der Frau nennt er den Animus. Die Anima entfaltet sich stärker, wenn der Sohn im Bannkreis seiner Mutter bleibt. Doch merkwürdigerweise hat er dann weniger Verständnis und Mitgefühl für andere Frauen, und er findet bei Frauen und Männern weniger Anklang. Und der Animus entfaltet sich stärker, wenn die Tochter im Bannkreis ihres Vaters bleibt. Doch merkwürdigerweise hat sie dann weniger Verständnis und Mitgefühl für andere Männer, und sie findet bei Männern und Frauen weniger Anklang.
Die Wirkung der Anima in der Seele des Mannes hält sich in Grenzen, wenn er schon früh hinüber in den Bannkreis seines Vaters trat. Doch merkwürdigerweise hat er dann mehr Mitgefühl und Verständnis für die Eigenart und die Werte von Frauen. Und die Wirksamkeit des Animus in der Seele der Frau hält sich in Grenzen, wenn sie schon

früh zurück in den Bannkreis der Mutter trat. Doch merkwürdigerweise hat sie dann mehr Mitgefühl und Verständnis für die Eigenart und die Werte von Männern.
Die Anima ist also das Ergebnis des Nichtnehmens des Vaters durch den Sohn; und der Animus ist das Ergebnis des Nichtnehmens der Mutter durch die Tochter.

Die Gegenseitigkeit

Zur Ordnung der Liebe zwischen Mann und Frau gehört, daß es zwischen ihnen zu einem Austausch kommt, bei dem beide gleichermaßen geben und nehmen. Denn beide haben, was dem anderen fehlt, und beiden fehlt, was der andere hat. Beide müssen daher, wenn es zum Austausch kommen soll, geben, was sie haben, und nehmen, was ihnen fehlt. Das heißt, der Mann gibt sich der Frau zum Mann und nimmt sie sich zur Frau; und die Frau gibt sich dem Mann zur Frau und nimmt ihn sich zum Mann.
Diese Ordnung der Liebe wird gestört, wenn der eine begehrt und der andere gewährt; denn das Begehren erscheint wie klein, und das Gewähren wie groß. Dann erweist sich der eine als bedürftig und wie einer, der nimmt, und der andere, obwohl vielleicht liebend, erweist sich als helfend, wie einer, der gibt. Dadurch aber wird, wer nimmt, wie ein Kind, und wer gibt, wird wie Eltern. Wer nimmt, der muß dann vielleicht danken, als hätte er genommen, ohne zu geben; und wer gibt, der fühlt sich vielleicht überlegen und frei, als hätte er gegeben, ohne zu nehmen. Dadurch aber wird der Ausgleich verweigert und der Austausch gefährdet. Damit beides gelingt, müssen

beide begehren und beide, was der andere bedürftig begehrt, mit Achtung und Liebe gewähren.

Nachfolgen und Dienen

Dennoch gehört zur Ordnung der Liebe zwischen Mann und Frau, daß die Frau dem Mann folgt. Das heißt, daß sie ihm folgt in seine Familie, an seinen Ort, in seinen Kreis, in seine Sprache, in seine Kultur, und daß sie zustimmt, daß auch die Kinder ihm folgen. Ich kann diese Ordnung nicht begründen, doch sie erweist sich als wirklich an ihrer Wirkung. Man braucht nur Familien, in denen die Frau dem Mann und die Kinder dem Vater folgen, mit Familien zu vergleichen, in denen der Mann seiner Frau und die Kinder ihrer Mutter folgen. Doch es gibt auch hier Ausnahmen. Wenn es zum Beispiel in der Familie des Mannes schwere Schicksale oder Krankheiten gibt, dann ist es für den Mann und die Kinder sicherer und gemäß, wenn sie in den Bannkreis der Familie der Frau und in den Bannkreis ihrer Sippe treten.
Allerdings gibt es auch hier einen Ausgleich; denn zur Ordnung der Liebe zwischen Mann und Frau gehört hier als Ergänzung, daß der Mann dem Weiblichen dient.

Die Ebenbürtigkeit

Die Ordnungen der Liebe zwischen Mann und Frau sind verschieden von den Ordnungen der Liebe zwischen Eltern und Kindern. Wenn daher ein Paar die Ordnungen

der Eltern-Kind-Beziehung unbesehen auf die Paarbeziehung überträgt, wird ihre Beziehung als Paar erschüttert und gestört.
Wenn zum Beispiel in einer Paarbeziehung der Mann bei seiner Frau oder die Frau bei ihrem Mann bedingungslose Liebe wie ein Kind bei seinen Eltern sucht, erwarten sie vom anderen eine Sicherheit, wie sie Eltern ihren Kindern geben. Als Folge davon kommt es zu einer Krise in der Partnerschaft, die damit endet, daß der, von dem zuviel erwartet wurde, sich zurückzieht oder geht. Und das mit Recht. Denn durch die Übertragung einer Ordnung aus der Kindheit auf die Paarbeziehung geschieht dem anderen Unrecht.
Wenn zum Beispiel ein Mann zu seiner Frau oder die Frau zu ihrem Mann sagt: »Ohne dich kann ich nicht leben« oder: »Wenn du gehst, dann bringe ich mich um«, dann muß der andere gehen. Denn diese Forderung ist eine Zumutung, die unter ebenbürtigen Erwachsenen unzulässig und unerträglich ist. Wenn aber ein Kind so etwas zu seinen Eltern sagt, ist es stimmig, denn das Kind kann ohne seine Eltern wirklich nicht leben.
Umgekehrt, wenn der Mann oder die Frau sich verhalten, als seien sie dem anderen gegenüber erziehungsberechtigt und als müßten sie ihn nacherziehen, dann nehmen sie sich einem Ebenbürtigen gegenüber Rechte heraus, wie sie die Eltern gegenüber ihren Kindern haben. Oft entzieht sich dann der andere dem Druck und sucht außerhalb der Partnerschaft Erleichterung und Ausgleich.
Zur Ordnung der Liebe in der Beziehung zwischen Mann und Frau gehört also, daß sich beide, Mann und Frau, als ebenbürtig anerkennen. Jeder Versuch, sich dem anderen gegenüber entweder überlegen wie Eltern oder ausgeliefert

wie ein Kind zu verhalten, wird ihre Partnerschaft einengen und gefährden.

Das gilt auch für den Ausgleich von Geben und Nehmen. In der Beziehung des Kindes zu seinen Eltern sind die Eltern die Geber, und die Kinder die Nehmer, und jeder Versuch von seiten der Kinder, das Gefälle von Geben und Nehmen zwischen sich und den Eltern auszugleichen, schlägt fehl. Daher bleiben die Kinder ihren Eltern gegenüber immer in Schuld, und je weniger ihnen der Ausgleich gelingt, desto inniger bleiben sie ihnen verbunden. Doch die gleiche Schuld, die sie an die Eltern bindet, treibt sie, weil sie sich durch eigenes Tun bewähren und entlasten wollen, auch aus dem Haus.

Wenn daher der Mann der Frau oder die Frau dem Mann gibt, so wie Eltern ihren Kindern geben, wenn zum Beispiel der Mann der Frau oder die Frau dem Mann während der Ehe ein Studium ermöglicht, dann kann, wer vom anderen so viel bekommen hat, ihm nicht mehr ebenbürtig sein. Obwohl er ihm zu Dank verpflichtet bleibt, wird er ihn, wenn er mit seinem Studium fertig ist, in der Regel verlassen. Nur wenn er sowohl die Kosten wie die Mühe in voller Höhe zurückerstattet, kann er wieder ebenbürtig werden und bei seinem Partner bleiben.

Der Ausgleich

Auf der Ebene des Geschlechts sind sich Mann und Frau, obwohl verschieden in dem, was sie einander geben und voneinander nehmen können, ebenbürtig, und der Austausch ihrer Liebe als Mann und Frau gelingt und geht weiter, wenn sich ihr Geben und Nehmen auch in anderen Bereichen ausgleicht und ergänzt. Das gilt sowohl im Guten wie im Bösen.

Wenn daher der eine dem anderen etwas Gutes tut, läßt diesem sein Bedürfnis nach Ausgleich keine Ruhe, bis auch er ihm etwas Gutes gibt. Weil er ihn aber liebt, gibt er ihm, zur Vorsicht, etwas mehr des Guten, als es der Ausgleich erfordert. Dann kommt der andere unter Druck, und auch er gibt, weil er liebt, zur Vorsicht etwas mehr des Guten, als es der Ausgleich erfordert. So steigert sich der Austausch des Guten, aber nur, wenn es dazwischen immer wieder zum Ausgleich kommt und eine neue Runde des Austauschs beginnt.

Wenn es zu keinem Ausgleich kommt, hört der Austausch auf. Denn wer nimmt, ohne zu geben, dem will der andere bald nichts mehr geben; und wer gibt, ohne zu nehmen, von dem will der andere bald nichts mehr haben. Auch wenn der eine dem anderen mehr gibt, als dieser auszugleichen imstande oder willens ist, oder wenn der andere mehr will, als der andere zu geben imstande oder willens ist, hört der Austausch auf. Daher muß sich das Maß des Gebers am Maß des Nehmers und das Maß des Nehmers am Maß des Gebers messen. Das bedeutet aber auch, daß dem Austausch von vornherein ein Maß gesetzt ist, das ihn begrenzt.

Wir brauchen aber, wenn eine Paarbeziehung gelingen soll, auch den Ausgleich im Bösen. Wenn der eine dem anderen etwas antut, das ihn schmerzen und verletzen muß, dann muß auch das Opfer dem Täter etwas antun, das ihn ähnlich schmerzt und ihm ähnlich Schweres abverlangt.

Wenn sich das Opfer aber zu gut ist, um auch böse zu sein, dann gibt es keinen Ausgleich, und die Beziehung ist gefährdet. Wenn, zum Beispiel, der eine Partner fremdgegangen ist und der andere in der Unschuld verharrt, kann sein Partner nicht mehr ebenbürtig werden. Wenn aber auch er im Bösen ausgleicht, kann die Beziehung wieder aufgenommen werden. Nur darf das Opfer, wenn es den Täter liebt, ihm nicht gleichviel Schlimmes antun, denn dann bleiben sie sich nichts mehr schuldig. Es darf ihm im Bewußtsein der eigenen Unschuld auch nicht mehr des Schlimmen antun, denn sonst gibt es ihm das Recht, selbst wieder böse zu sein. Nein, es muß ihm ein bißchen weniger des Schlimmen antun. Dann wird sowohl der Gerechtigkeit als auch der Liebe Genüge getan, und der Austausch im Guten kann wieder aufgenommen und weitergeführt werden.

Wenn aber Opfer und Täter sich gegenseitig jeweils mehr des Schlimmen antun, dann gehen sie mit dem Schlimmen um, als sei es ein Gutes, und der Austausch im Schlimmen nimmt zu. Auch ein solcher Austausch bindet das Paar aneinander, aber zu ihrem Unglück. Übrigens kann man die Qualität einer Paarbeziehung daran erkennen, ob sich der Austausch eher im Guten oder im Schlimmen vollzieht, und wie hoch der Umsatz ist im Guten oder im Schlimmen. Damit habe ich auch einen Hinweis gegeben, wie man eine Paarbeziehung wiederherstellt und glücklich macht: Man geht vom Austausch im Schlimmen wieder zum Austausch im Guten über und steigert ihn mit Liebe.

Die Verständigung

Mann und Frau kennen aus ihren Herkunftsfamilien unterschiedliche Modelle oder Muster für die Paarbeziehung, sei es im Guten wie im Schlimmen. Daher müssen Mann und Frau, damit die Partnerschaft gelingt, die von ihren Eltern vorgegebenen Modelle prüfen, sich gegebenenfalls von alten Mustern lösen und neue für ihre Paarbeziehung finden. Dabei steht ihnen aber oft ein Gefühl der Unschuld oder Schuld im Weg. Denn wenn sie die ihnen vorgegebenen Muster übernehmen, haben sie, selbst wenn diese schlimm sind, ein Gefühl der Unschuld. Und wenn sie schlimme Muster lassen, haben sie, selbst wenn die neuen besser sind, ein Gefühl der Schuld. Das Gute und das Glück in ihrer Partnerschaft wird dann nur mit dieser Schuld erkauft.

Verstrickungen

Aus der Verstrickung in die eigene Sippe ergeben sich für eine Paarbeziehung vielleicht die schlimmsten Folgen, vor allem dann, wenn einer oder beide, ohne daß sie es bemerken, für die Lösung vergangener Konflikte ihrer Sippe stellvertretend in die Pflicht genommen werden.
Ich bringe dazu ein Beispiel. Ein Mann und eine Frau wissen sich einander sehr verbunden, und doch kommt es zwischen ihnen zu Konflikten, die sie nicht verstehen. Als die Frau eines Tages ihrem Mann wütend gegenüberstand, bemerkte ein Therapeut, daß sich ihr Gesicht veränderte, bis es aussah wie das einer alten Frau. Und dann warf sie ihrem Mann Dinge vor, die sich nicht auf ihn beziehen konnten. Der Therapeut fragte sie: »Wer ist die alte Frau?« Da erinnerte sie sich, daß ihre Großmutter, die eine Wirtin war, oft vom Großvater an den Haaren durch die Gaststube gezogen worden war, und das vor allen Gästen. Und ihr

wurde klar, daß die Wut, die sie ihrem Mann gegenüber empfand, die damals unterdrückte Wut ihrer Großmutter gegenüber dem Großvater war.
Viele Ehekrisen, die unverständlich bleiben, haben in einer solchen Verschiebung ihre Wurzel. Dieser Vorgang ist unbewußt, und da wir ihm, wenn wir ihn nicht erkennen, ausgeliefert sind, erschreckt er uns. Wenn wir aber um solche Verstrickungen wissen, werden wir vorsichtiger, wenn wir versucht sind, dem anderen etwas anzutun, ohne daß es dafür einen Anlaß gab.

Die Beständigkeit

Manche Paare verkennen die Tiefe ihrer Bindung und betrachten ihre Partnerschaft wie eine Übereinkunft, deren Ziele beliebig festgelegt und deren Dauer oder Ordnung von ihnen je nach Laune oder Wohlbefinden vorherbestimmt, verändert oder aufgehoben werden können. Dadurch liefern sie die Partnerschaft jedoch dem Leichtsinn und der Willkür aus. Daß hier aber eine Ordnung herrscht, der sie sich fügen müssen, erkennen sie vielleicht zu spät. Wenn zum Beispiel ein Partner die Beziehung rücksichtslos und leichten Herzens löst, stirbt manchmal ein Kind aus dieser Partnerschaft oder nimmt sich das Leben, so als müßte es ein schweres Unrecht sühnen. In Wirklichkeit sind uns die Ziele einer Partnerschaft vorgegeben, und sie fordern, wenn wir sie erreichen wollen, Beständigkeit und Opfer.

Das Sterben

Wenn der Mann sich eine Frau zur Frau nimmt, wird er durch sie zum Mann. Doch zugleich nimmt sie ihm auch das Männliche weg und stellt es in Frage. Und so wird er in der Ehe auch weniger Mann. Und wenn die Frau sich einen Mann zum Mann nimmt, wird sie durch ihn zur Frau. Doch zugleich nimmt er ihr auch das Weibliche weg und stellt es in Frage, und so wird sie in der Ehe auch weniger Frau. Daher muß der Mann, damit die Beziehung ihre Spannung behält, sein Männliches bei Männern erneuern, und die Frau muß ihr Weibliches bei Frauen erneuern.

Dennoch verliert der Mann seine Identität als Mann in der Beziehung zur Frau, und die Frau verliert ihre Identität als Frau in der Beziehung zum Mann. Mann und Frau sind nämlich in jeder Hinsicht voneinander verschieden. Von wegen kleiner Unterschied! Fast alles ist unterschiedlich zwischen Mann und Frau. Doch obwohl sie so verschieden sind, sind die männliche und die weibliche Weise, die Welt zu sehen, die Weise zu fühlen, die Weise zu reagieren beide vollgültige menschliche Verwirklichungsweisen. Beide, Mann und Frau, müssen das anerkennen. Doch dadurch nimmt die Frau dem Mann die Sicherheit als Mann, und der Mann nimmt der Frau die Sicherheit als Frau. Sie müssen also die Identität als Mann und Frau, die sie durch den anderen gewonnen haben, im Lauf ihrer Beziehung auch wieder verlieren. Daher erleben Mann und Frau ihre Beziehung auch wie Sterben. Wir gehen zwar in die Beziehung hinein mit der Vorstellung, daß es unsere größte Erfüllung sein wird. In Wirklichkeit ist eine Beziehung aber auch ein Sterbeprozeß. Jeder Konflikt in der Ehe ist

ein solches Stück Abschied und Sterben. Je länger die Beziehung dauert, desto näher kommen Mann und Frau diesem letzten Verzicht. Dann gelangen Mann und Frau auf eine andere, höhere Ebene. Die Spaltung in Mann und Frau drängt ja zur Einheit. Doch die Verschmelzung der beiden Geschlechter bewirkt nur eine vorübergehende Einheit, aber keine auf Dauer. Die Aufhebung der Gegensätze gelingt daher jenseits dieser Verschmelzung. Die Verschmelzung bleibt nur ein Symbol dafür. Die wirkliche Einheit wird erreicht im Sterben. Dann kehren wir zurück auf einen Grund, den wir nicht kennen.
Das ist natürlich nur eine mögliche Sichtweise, aber sie gibt der Beziehung eine Tiefe und einen Ernst, die ihrer würdig sind. Denn die Überwindung der Gegensätze, die uns die Verschmelzung verheißt, erfüllt erst dieser letzte Verzicht.

Das tragende Ganze

Die Ordnungen der Liebe, die uns in früheren Beziehungen begleitet haben, wirken auch auf unsere Beziehung zum Leben und zur Welt als Ganzes und auf unsere Beziehung zum Geheimnis, das wir hinter ihr erahnen.
Wir können uns daher auf das geheimnisvolle Ganze beziehen wie ein Kind auf seine Eltern und suchen dann einen Vatergott und eine Große Mutter, glauben wie ein Kind, hoffen wie ein Kind, vertrauen wie ein Kind, lieben wie ein Kind. Und wir fürchten uns vor ihm auch wie ein Kind, und wie ein Kind fürchten wir uns auch, vielleicht, zu wissen.

Oder wir beziehen uns auf das geheimnisvolle Ganze wie auf die Ahnen und die Sippe, wissen uns als seine Blutsverwandten in einer Gemeinschaft der Heiligen, aber auch, wie in der Sippe, verworfen oder auserwählt nach einem unerbittlichen Gesetz, ohne daß wir seinen Spruch verstehen oder auf ihn Einfluß nehmen können.

Oder wir verhalten uns zum geheimnisvollen Ganzen wie zu einem Gleichberechtigten in einer Gruppe, werden seine Mitarbeiter und Vertreter, lassen uns auf Handel und Geschäfte mit ihm ein, schließen einen Bund mit ihm und regeln durch Vertrag die Rechte und die Pflichten, das Geben und das Nehmen, den Gewinn und den Verlust.

Oder wir verhalten uns zum geheimnisvollen Ganzen, als seien wir mit ihm in einer Paarbeziehung, in der es einen Geliebten und eine Geliebte gibt und einen Bräutigam und eine Braut.

Oder wir verhalten uns zum geheimnisvollen Ganzen so wie Eltern gegenüber einem Kind, sagen, was es falsch gemacht und was es besser machen müßte, stellen sein Werk in Frage und wollen, wenn uns diese Welt, so wie sie ist, nicht paßt, uns und andere aus ihr erlösen.

Oder aber, wenn wir uns auf das Geheimnis dieser Welt beziehen, lassen wir die Ordnungen der Liebe, die wir kennen, hinter uns und vergessen, als seien wir schon auf dem Meer, die Flüsse und alle Wege am Ziel.

Geschichten vom Glück

Das Glück scheint uns verlockend und trügerisch, anziehend und gefährlich. Denn oft bringt was wir uns wünschen Unglück und was wir fürchten Glück. Manchmal klammern wir uns lieber an das Unglück, weil es uns sicher scheint oder groß. Oder weil wir es für Unschuld halten oder für Verdienst oder für ein Unterpfand kommenden Glücks.

Dann verachten wir vielleicht das Glück als gewöhnlich oder als vergänglich und flüchtig. Oder wir fürchten es wie Schuld und Verrat oder wie Frevel, oder wie einen Vorboten von Unglück.

Zweierlei Glück

In alter Zeit, als die Götter den Menschen noch sehr nahe schienen, lebten in einer kleinen Stadt zwei Sänger namens Orpheus.

Der eine von den beiden war der Große. Er hatte die Kithara erfunden, eine Vorform der Gitarre, und wenn er in die Saiten griff und sang, war die Natur um ihn verzaubert. Wilde Tiere lagen zahm zu seinen Füßen, hohe Bäume bogen sich ihm zu: Nichts konnte seinen Liedern widerstehen. Weil er so groß war, warb er um die schönste Frau. Danach begann der Abstieg.

Während er noch Hochzeit hielt, starb die schöne Eurydike, und der volle Becher, noch während er ihn hob, zerbrach. Doch für den großen Orpheus war der Tod noch nicht das Ende. Mit Hilfe seiner hohen Kunst fand er den Eingang in die Unterwelt, stieg hinab ins Reich der Schatten, setzte über den Strom des Vergessens, kam vorbei am Höllenhund, trat lebend vor den Thron des Totengottes und rührte ihn mit seinem Lied.

Der Tod gab Eurydike frei – doch unter einer Bedingung, und Orpheus war so glücklich, daß ihm die Häme hinter dieser Gunst entging.

Er machte sich auf den Weg zurück und hörte hinter sich die Schritte der geliebten Frau. Sie kamen heil am Höllenhund vorbei, setzten über den Strom des Vergessens, begannen den Aufstieg zum Licht, sahen es von ferne. Da hörte Orpheus einen Schrei – Eurydike war gestolpert –, erschrocken drehte er sich um, sah noch die Schatten fallen in die Nacht und war allein. Und fassungslos vor Schmerz sang er das Abschiedslied: »Ach, ich habe sie verloren, all mein Glück ist nun dahin!«

Er selber fand ans Licht zurück, doch das Leben war ihm bei den Toten fremd geworden. Als betrunkene Frauen ihn zum Fest des neuen Weines führen wollten, weigerte er sich, und sie zerrissen ihn bei lebendigem Leibe.

So groß war sein Unglück, so vergeblich seine Kunst. Aber: Alle Welt kennt ihn!

Der andere Orpheus war der Kleine. Er war nur ein Bänkelsänger, trat bei kleinen Festen auf, spielte für die kleinen Leute, machte eine kleine Freude und hatte selber Spaß dabei. Da er von seiner Kunst nicht leben konnte, lernte er noch einen anderen, gewöhnlichen Beruf, heira-

tete eine gewöhnliche Frau, hatte gewöhnliche Kinder, sündigte gelegentlich, war ganz gewöhnlich glücklich und starb alt und lebenssatt.
Aber: Niemand kennt ihn – außer mir!

Der Esel

Ein Herr kaufte einen jungen Esel und gewöhnte ihn schon früh an die Härte des Lebens. Er lud ihm schwere Lasten auf, ließ ihn den ganzen Tag arbeiten und gab ihm nur das Nötigste zu fressen. Und so wurde aus dem kleinen Esel bald ein richtiger Esel.
Wenn sein Herr kam, ging er in die Knie, neigte tief sein Haupt und ließ sich willig jede schwere Last aufbürden, auch wenn er manchmal fast zusammenbrach.
Andere, die das sahen, hatten Mitleid. Sie sagten: »So ein armer Esel!« und wollten ihm was Gutes tun. Der eine wollte ihm ein Stück Zucker geben, der andere ein Stück Brot, und ein dritter wollte ihn sogar auf seine grüne Weide locken. Doch er zeigte ihnen, was für ein Esel er war. Dem einen biß er in die Hand, dem anderen trat er ins Schienbein, und dem dritten gegenüber war er störrisch wie ein Esel. Da sagten sie: »So ein Esel!« und ließen ihn fortan in Ruhe.
Seinem Herrn aber fraß er aus der Hand, und wenn's nur leeres Stroh war. Der aber lobte ihn überall und sagte: »Das ist wirklich der größte Esel, den ich je gesehen habe!« Und er gab ihm zur Belohnung den Namen Iah.
Später war man sich über die Aussprache dieses Namens nicht mehr einig, bis ein Dialektiker aus Bayern meinte, sie müsse lauten: I..(ch) a..(uch).

Der Ausweg

Irgendwo im Süden, als es gerade anfing, Tag zu werden, stieg ein kleiner Affe auf die Palme, schwang eine schwere Kokosnuß in seiner Hand und schrie aus Leibeskräften.
Das hörte ein Kamel, kam etwas näher, schaute zu ihm hoch und fragte: »Was ist denn mit dir heute los?«
»Ich warte auf den großen Elefanten. Dem knall ich eine mit der Kokosnuß, daß ihm der Schädel kracht und ihm Hören und Sehen vergeht!«
Das Kamel aber dachte: »Was will er denn wirklich?«

Am Mittag kam ein Löwe, legte sich unter den Baum und wolle dösen. Da hörte er den kleinen Affen und fragte: »Was ist denn mit dir heute los?«
»Ich warte auf den großen Elefanten. Dem knall ich eine mit der Kokosnuß, daß ihm der Schädel kracht und ihm Hören und Sehen vergeht!«
Der Löwe aber dachte: »Was will er denn wirklich?«

Am Nachmittag kam ein Nashorn, hörte den Affen schreien, wunderte sich und fragte: »Was ist denn mit dir heute los?«
»Ich warte auf den großen Elefanten. Dem knall ich eine mit der Kokosnuß, daß ihm der Schädel kracht und ihm Hören und Sehen vergeht!«
Das Nashorn aber dachte: »Was will er denn wirklich?«

Am Abend kam der große Elefant, rieb sich an der Palme, griff mit dem Rüssel nach den Blättern und fraß. Doch oben im Baum saß der kleine Affe zusammengekauert und war mucksmäuschenstill. Dann schaute der große Elefant nach oben, sah den kleinen Affen und fragte: »Was ist denn mit dir heute los?«

»Nichts. Ich habe zwar heute etwas laut herumgebrüllt, aber das wirst du doch nicht so ernst genommen haben!«
Der Elefant aber dachte: »Was will er denn wirklich?«
Dann trompetete er seiner Herde und stapfte davon.

Der kleine Affe saß noch lange still. Dann nahm er die Kokosnuß, kletterte auf den Boden und knallte sie gegen einen Stein, daß sie platzte. Dann trank er die Milch und aß die Frucht.

Das Maß

Jemand drängt sich durch die hellen, festlich geschmückten Straßen der Vorweihnachtszeit, und sein Blick wird angezogen von einem Laden, über dem die Inschrift leuchtet: Delikatessen aus aller Welt.
Er bleibt stehen, schaut auf die Köstlichkeiten, die da schmackhaft vor ihm ausgebreitet liegen, und das Wasser läuft ihm im Munde zusammen.
Dann schnalzt er mit der Zunge und sagt: »Jetzt hätte ich so richtig Lust – auf ein Stück trockenes Brot.«

Zweierlei Lust

Ein Esel, hungrig und schwer bepackt, wandert einen endlos weiten, beschwerlichen Weg. Rechts eine grüne Wiese, links eine grüne Wiese. Er aber sagt: »Ich gehe meinen Weg.«

Ein anderer Esel grast auf der grünen Wiese. Rechts ein weiter beschwerlicher Weg, links ein weiter beschwerlicher Weg. Er aber sagt: »Hier geht es mir gut.«

Die Unschuld

Jemand will, was ihn so lang bedrängte, lassen, und so wagt er sich auf einen unbekannten Weg. Er wandert leichten Fußes vor sich hin und erreicht am Abend einen hohen Berg. Als er rasten will, sieht er vor sich den Eingang einer Höhle. Er geht hin und will hinein, doch er findet sie verschlossen mit einer eisernen Tür.

»Merkwürdig«, denkt er sich, »vielleicht passiert etwas.« Er setzt sich gegenüber, schaut immer wieder hin und wieder weg und wieder hin und wieder weg. Nach drei Tagen, als er gerade wieder weg- und wieder hingeschaut, sieht er die Türe offen. Er stürzt durch sie hinein in die Höhle, stürmt voran, und steht wieder im Freien.

»Merkwürdig«, denkt er sich, reibt sich die Augen, setzt sich hin und sieht vor sich in einiger Entfernung einen kleinen weißen Kreis – schneeweiß –, und in dem kleinen weißen Kreis sieht er sich selbst, eingeschlossen, eng zusammengekrümmt und – strahlend weiß. Und um den kleinen weißen Kreis züngelt eine riesengroße schwarze Schattenflamme, als wolle sie hinein.

»Merkwürdig«, denkt er sich, »vielleicht passiert etwas.« Er setzt sich gegenüber, schaut immer wieder hin und wieder weg und wieder hin und wieder weg. Nach drei Tagen, als er gerade wieder weg- und wieder hingeschaut, sieht er, wie der kleine weiße Kreis sich öffnet, die schwarze

Schattenflamme schlägt hinein, der Kreis wird groß, und er kann sich endlich strecken.
Doch jetzt ist der Kreis grau.

Die Schuld

Jemand steht am Morgen auf, und ihm ist schwer ums Herz, da er doch weiß: Heute kommen seine Gläubiger, und er muß sich ihnen stellen. Er sieht, ihm bleibt noch etwas Zeit, und so geht er zum Regal, holt sich den ersten Ordner und schaut in die Papiere.
Dort findet er die Rechnungen, die er noch bezahlen muß. Er betrachtet sie genau und sieht, darunter sind auch solche, deren Forderungen überzogen sind, einige davon für Leistungen, die nur versprochen, aber nie erbracht, und andere für Waren, die bestellt, doch nie geliefert worden sind. Er bedenkt, was hier gemäß und rechtens ist, und beschließt, gegen falsche Forderungen auf der Hut zu sein. Dann schließt er diesen Ordner und holt den zweiten.
Dort findet er Verzeichnisse von Leistungen, derentwegen er in besonders schwerer Schuld zu stehen glaubte. Doch am Ende dieser langen Listen stehen Bemerkungen wie »gratis«, »schon bezahlt« oder »gerne gegeben«. Bilder steigen in ihm auf von Menschen, die ihm lieb und teuer waren, und sein Herz wird weit und warm. Dann schließt er auch den zweiten Ordner und holt den dritten.
Hier findet er nur Angebote, die er sich kommen ließ, um was schon lange fällig war endlich zu erwerben. Doch am Schluß der Angebote steht »nur auf Vorauskasse«. Er weiß, hier bräuchte er noch Zeit, um nachzuprüfen, wie verläß-

lich diese Angebote waren. So schließt er auch den dritten Ordner und stellt ihn ins Regal.
Dann kommen seine Gläubiger, und als sie Platz genommen haben, erfüllen sie den Raum mit ihrer Gegenwart. Doch keiner spricht ein Wort.
Als er sie alle vor sich sieht, wird ihm seltsam leicht, als wenn auf einmal überschaubar war, was so verwirrend schien, und er fühlt die Kraft, daß er sich ihnen stellen kann und will.
Wie er so wartet, fügt sich das Bild vor ihm zu einer Ordnung. Er ist sich sicher, welcher Gläubiger als erster an die Reihe kommt und wer als nächster folgt. Er teilt sein Bild den Gläubigern mit, dankt ihnen, daß sie kamen, und sichert ihnen zu, daß er sich zur rechten Zeit auch ihnen stellen werde. Sie stimmen zu und gehen, und nur der eine Gläubiger bleibt zurück, dem er sich jetzt schon stellen will.
Die beiden setzen sich einander aus. Sie wissen, es geht nicht mehr ums Feilschen, nur noch um den Vollzug, und da sie beide ernsthaft sind, werden sie sich einig. Doch als sein Gläubiger geht, dreht er sich nochmals um und sagt: »Ein bißchen gebe ich dir noch Aufschub.«

Der Lauf des Lebens

Eine Hummel flog zur Kirschblüte, trank den Nektar, war satt und zufrieden und flog davon.
Doch dann hatte sie Gewissensbisse. Sie kam sich vor wie jemand, der sich an einen reich gedeckten Tisch gesetzt hat, ohne dem Gastgeber wenigstens eine Kleinigkeit zu

schenken, die auch sein Herz erfreut. Sie dachte sich: »Was mache ich nur?« Doch sie konnte sich nicht entscheiden, und so vergingen Wochen und Monate.
Dann aber ließ es ihr keine Ruhe mehr. Sie sagte sich: »Ich muß zurück zur Kirschblüte und ihr von Herzen danken!« Sie machte sich auf den Flug, fand den Baum, den Ast, den Zweig, die genaue Stelle, wo die Kirschblüte war. Aber sie war nicht mehr da. Sie fand nur eine dunkelrote reife Frucht.
Da wurde die Hummel traurig. Sie sagte sich: »Nie mehr werde ich der Kirschblüte danken können; für immer ist die gute Gelegenheit verpaßt. Aber es soll mir eine Lehre sein.«
Noch während sie darüber nachdachte, stieg ein süßer Duft in ihre Nase, ein rosa Blütenkelch winkte, und mit Lust stürzte sie sich in ein neues Abenteuer.

*

Manche Geschichten gaukeln uns ein Trugbild vor, als würde Wünschen noch, wie einst im Märchen, helfen. Und so verleiten sie uns leicht zu Taten, die über das hinausgehen, was wir dürfen, und die uns statt ins Glück, das wir uns wünschen, ins Unglück, das wir fürchten, führen.
Wo solche Bilder wirksam sind, hilft es, die Märchen nüchtern zu erzählen, so daß auch hier die Wünsche ihre Grenzen haben und angemaßte Taten scheitern. Dann fallen wir vom Himmel wieder auf die Erde und finden unser Maß.

Die Erde

Vor einem großen Wald lebte ein Holzhacker mit seiner Frau. Sie hatten ein einziges Kind, ein Mädchen von drei Jahren, waren aber so arm, daß sie oft nicht wußten, was sie ihm zu essen geben sollten.

Eines Tages nun kam die Jungfrau Maria zu ihnen und sagte: »Ihr seid zu arm, um für das Mädchen zu sorgen. Bringt es zu mir. Ich will es mit mir in den Himmel nehmen, seine Mutter sein und für es sorgen.«

Da wurde ihnen das Herz schwer, doch sie sagten sich, was können wir schon ausrichten gegen die Jungfrau Maria. So gehorchten sie, holten das Mädchen und übergaben es der Jungfrau Maria. Diese nahm es mit in den Himmel. Dort aß es Zuckerbrot, trank süße Milch und durfte mit den Engeln spielen. Heimlich aber sehnte es sich nach seinen Eltern und nach der schönen Erde.

Als das Mädchen vierzehn Jahre alt geworden war, ging die Jungfrau Maria wieder einmal auf Reisen, denn auch sie hatte Sehnsucht nach der Erde. Sie rief das Mädchen zu sich und sprach: »Nimm du die Schlüssel zu den dreizehn Türen des Himmels in Verwahrung. Zwölf Türen darfst du aufschließen und die Herrlichkeiten darin betrachten. Aber die dreizehnte, wozu dieser kleine Schlüssel gehört, die ist dir verboten. Hüte dich, daß du sie aufschließt, sonst gibt es ein Unglück!«

Das Mädchen aber versprach: »Nie werde ich die dreizehnte Kammer betreten!«

Als die Jungfrau Maria weggegangen war, besah sich das Mädchen die Wohnungen des Himmels. Jeden Tag schloß es eine Tür auf, bis sie alle zwölf durch waren. Hinter jeder aber saß ein Mann, ein Apostel, und war von großem Glanz umgeben, und das Mädchen freute sich jedesmal über den schönen Anblick.

Nun war nur die verbotene Tür noch verschlossen, und das Mädchen empfand eine große Lust zu wissen, was sich dahinter verbarg. Als es ganz alleine war, dachte es: »Nun bin ich ganz allein und könnte hinein; es weiß ja niemand, wenn ich's tue.«

Es nahm den kleinen Schlüssel, steckte ihn in das Schloß und drehte ihn um. Da sprang die Tür auf, und das Mädchen wurde angezogen von einem golden glühenden Glanz. Das mußte das innerste Heiligtum sein. Das Mädchen drang hinein, rührte mit dem Finger an den geheimnisvollen Glanz und erglühte vor Wonne. Doch plötzlich erinnerte es sich an das Verbot der Jungfrau Maria. Es zog den Finger zurück, rannte aus der Tür und schloß sie wieder zu. Doch sein Finger war jetzt wie von Gold. Es wollte das Gold abwaschen, aber was es auch versuchte, es war nicht wegzubringen. Und so wartete es voller Bangen auf die Rückkehr der Jungfrau Maria.

Diese aber ließ sich Zeit. Ihr gefiel es auf der Erde, und als sie wieder in den Himmel kam, war sie guter Dinge. Sie rief die Engel und das Mädchen zu sich und erzählte ihnen, was es Neues auf der Erde gab. Die Menschen hätten nun seltsame Kästen. Sie brauchten nur auf einen Knopf zu drücken, und schon könnten sie sehen, was auf der ganzen Welt geschieht.

Eines Tages, so erzählte sie, habe sie auf diese Weise eine Frau gesehen, die es wagte, den Berggorillas nachzuspüren. Das sei sehr gefährlich gewesen, doch die Berggorillas ließen sie an sich heran. Einmal kam ein Berggorilla-Bursche ihr sogar so nahe, daß sie mit dem Finger über seinen Rücken streicheln konnte, und er ließ es sich von ihr gefallen.

Bald danach fand sie ein Gorillababy, das seine Eltern verloren hatte. Sie nahm es auf wie eine Mutter, gab ihm süße Milch zu trinken und pflegte es so gut, daß es sich bald erholte. Doch sie fühlte, so sehr sie auch das fremde Baby liebte, daß ihm die anderen Gorillas fehlten. Als sie daher den Gorillas wieder einmal nachspürte, nahm sie das Baby mit, und als sie auf die Herde stieß, hielt sie es ihnen entgegen. Da stürzte sich der älteste Gorilla mit lautem Gebrüll auf die Frau, riß ihr das Baby aus der Hand, rannte mit ihm zur Herde zurück und übergab es einem Weibchen, das ihm an seiner Brust zu trinken gab. Der Frau aber hatte er nichts zuleide getan. Diese sah, daß es dem Gorillababy bei seinesgleichen gutging, und sie freute sich.

Noch viele ähnliche Geschichten erzählte die Jungfrau Maria, so daß sie ganz vergaß, nach den Schlüsseln zu fragen. Am nächsten Morgen aber rief sie das Mädchen zu sich, damit es ihm die Schlüssel bringe. Sie fragte forschend: »Warst du auch nicht in der dreizehnten Kammer?« – »Nein«, sagte das Mädchen, »das hast du doch verboten.« »Warum versteckst du dann die eine Hand hinter deinem Rücken?« Und sie befahl ihm: »Zeige mir auch deine andere Hand!« Das Mädchen schämte sich. Doch da kein Leugnen half, zog es die andere Hand hinter seinem Rücken hervor und zeigte den goldenen Finger.

Da seufzte die Jungfrau Maria und sagte: »Einmal muß es ja wohl sein.« Sie zog ihre weißen Handschuhe aus, und siehe da: Auch sie hatte einen goldenen Finger.

Dann sagte sie zu dem Mädchen: »Weil du das eine weißt, wirst du auch alles andere wissen. Geh wieder heim auf die Erde, wo es Eltern und Geschwister gibt und Männer und Frauen und Kinder.« Das Mädchen freute sich und dankte. Die Jungfrau Maria aber half ihm, sein Bündel zu schnüren, und zum Abschied gab sie ihm obenauf, zum Schutz für das entschlüsselte Geheimnis, ein Paar weiße Handschuhe mit.

Die Räumung

Jemand wohnt in einem kleinen Haus, und im Lauf der Jahre sammelt sich in seinen Kammern viel Gerümpel an. Viele Gäste brachten ihre Sachen mit, und wenn sie weiterzogen, ließen sie so manchen Koffer stehen. Es ist, als seien sie noch hier, obwohl sie längst schon fortgegangen sind für immer.

Auch was der Eigentümer selber angesammelt hat, bleibt in dem Haus erhalten. Nichts soll vorbei sein und verlorengehen. Auch an zerbrochenen Dingen hängt Erinnerung, und daher bleiben sie und nehmen Besserem den Raum.

Erst als der Hausherr fast erstickt, beginnt er aufzuräumen. Er fängt mit seinen Büchern an. Will er die alten Bilder immer noch betrachten und fremde Lehren und Geschichten immer noch verstehen? Was längst erledigt ist, schafft er aus seinem Haus, und in den Kammern wird es licht und hell.

Dann öffnet er die fremden Koffer und schaut, ob sich noch etwas findet, was er gebrauchen kann. Dabei entdeckt er einige Kostbarkeiten und legt sie auf die Seite. Den Rest schafft er nach draußen.

Er wirft das alte Zeug in eine tiefe Grube, deckt sie fein säuberlich mit Erde zu und sät dann Gras darüber.

*

Es gibt Geschichten, die sind Zäune. Sie engen ein und sperren aus. Wenn wir uns fügen, bieten sie uns Sicherheit, und wenn wir weiterwollen, stehen sie im Weg. Geschichten dieser Art erzählen wir uns manchmal selbst und nennen sie Erinnerungen. Denn oft erzählen wir uns selbst, was damals schlimm war und verletzt hat; doch nicht, was auch befreit. Erinnerung wird dann zur Fessel, und unser Spielraum bleibt begrenzt.

Der Abschied

Ich lade Sie jetzt ein zu einer Reise zurück in die Vergangenheit, wie wenn Leute nach Jahren sich noch einmal aufmachen, um dorthin zurückzukehren, wo damals Entscheidendes geschah.

Doch diesmal lauert keine Gefahr, alles ist schon überstanden. Eher ist es, wie wenn alte Kämpfer, nachdem schon lange Frieden ist, noch einmal über jenes Schlachtfeld schreiten, auf dem sie sich bewähren mußten. Lange wächst schon wieder Gras darüber, und Bäume blühen und tragen Frucht. Vielleicht erkennen sie sogar den Ort nicht wieder, weil er nicht so erscheint, wie sie ihn im Gedächtnis hatten, und sie brauchen Hilfe, um sich zurechtzufinden.

Denn merkwürdig ist, wie unterschiedlich wir Gefahr begegnen. Ein Kind zum Beispiel steht starr vor Schreck vor einem großen Hund. Dann kommt die Mutter, nimmt es auf den Arm, die Spannung löst sich, und es beginnt zu schluchzen. Doch bald schon dreht es seinen Kopf und schaut, nun aus der sicheren Höhe, unbefangen auf das fürchterliche Tier.

Ein anderer, wenn er sich geschnitten hat, kann nicht mit ansehen, wie sein Blut fließt. Sobald er aber wegschaut, fühlt er nur wenig Schmerz.
Schlimm ist es also, wenn alle Sinne zusammen im Geschehen gefangen sind, sie nicht mehr einzeln und getrennt zum Zuge kommen können und der einzelne dann von ihnen überwältigt wird, so daß er nicht mehr sieht und hört und fühlt, was wirklich ist.
Wir gehen jetzt auf eine Reise, bei der ein jeder, wie er will, das Ganze zu Gesicht bekommt, doch nicht auf einmal. Und auch das Ganze miterlebt, doch mit dem Schutz, den er sich wünscht. Bei der er auch verstehen mag, was zählt, eins nach dem anderen. Wer will, der mag sich auch vertreten lassen, wie einer, der es sich gemütlich macht in seinem Sessel und dann die Augen schließt und träumt, er sehe sich die Reise machen, und der, obwohl er doch zu Hause bleibt und schläft, es alles miterlebt, als wäre er dabei.
Die Reise geht in eine Stadt, die einmal reich war und berühmt, doch jetzt schon lange einsam ist und leer, wie eine Geisterstadt im Wilden Westen. Man sieht die Stollen noch, in denen Gold gegraben wurde. Die Häuser sind noch fast intakt. Sogar das Opernhaus ist noch zu sehen. Doch alles ist verlassen. Schon lange gibt es hier nichts mehr als nur Erinnerung.
Wer auf diese Reise geht, der sucht sich einen Kundigen, daß er ihn führe. Und so kommt er zu dem Ort, und die Erinnerung wird wach. Hier also war es gewesen, was ihn so sehr erschüttert hatte, was er auch heute noch nur schwer erinnern will, weil es so schmerzlich war. Doch jetzt scheint Sonne über der verlassenen Stadt. Wo einmal Leben war, Gedränge und Gewalt, ist Ruhe eingekehrt, fast Frieden.

Sie wandern durch die Straßen, und dann finden sie das Haus. Er zögert noch, ob er es wagen will, hineinzugehen, doch sein Begleiter will zuerst allein voraus, um es schon vorher anzusehen und um zu wissen, ob der Ort nun sicher sei, und ob noch etwas übrig ist von damals.

Inzwischen schaut der andere draußen durch die leeren Straßen, und Erinnerungen kommen hoch an Nachbarn oder Freunde, die es dort gegeben hatte. Erinnerungen an Szenen, in denen er glücklich war und heiter, voll Lebenslust und Tatendrang, wie Kinder, die durch nichts zu bremsen sind, weil sie nach vorne drängen, zum Neuen hin, zum Unbekannten, Großen, Weiten, zu Abenteuer und zu bestandener Gefahr. So vergeht die Zeit.

Dann winkt ihm sein Begleiter, nachzukommen. Er tritt nun selber in das Haus, kommt in den Vorraum, schaut sich um und wartet. Er weiß, welche Menschen ihm damals hätten helfen können, damit er es ertragen hätte, Menschen, die ihn liebten und die auch stark und mutig waren und wissend. Ihm ist, als wären sie nun hier, als höre er ihre Stimme und spüre ihre Kraft. Dann nimmt ihn sein Begleiter bei der Hand, und beide öffnen sie die eigentliche Tür.

Da steht er nun und ist zurückgekehrt. Er faßt die Hand, die ihn hierhergeführt, und schaut sich ruhig um, damit er sehe, wie es wirklich war, das eine und das andere, das Ganze. Seltsam, wie anders er es wahrnimmt, wenn er gesammelt bleibt und an der Hand des Helfers. Wenn er auch das erinnert, was lange ausgeklammert war, wie wenn sich endlich fügt, was auch dazugehört. So wartet er und schaut, bis er es alles weiß.

Dann aber überkommt ihn das Gefühl, und hinter dem, was vordergründig war, spürt er die Liebe und den Schmerz. Ihm ist, als sei er heimgekommen und schaue auf den Grund, wo es kein Recht mehr gibt und keine Rache. Wo Schicksal wirkt und Demut heilt und Ohnmacht Frieden stiftet. Sein Helfer hält ihn bei der Hand, daß er sich sicher fühle. Er atmet tief und läßt dann los. So fließt es ab, was sich so lange angestaut, und ihm wird leicht und warm.

Als es vorbei ist, schaut ihn der andere an und sagt: »Vielleicht hast damals du dir etwas aufgebürdet, was du hier liegen lassen mußt, weil dir es nicht gehört noch zugemutet werden darf. Zum Beispiel angemaßte Schuld, als müßtest du bezahlen, was andere genommen haben. Leg es hier ab. Auch das, was sonst dir fremd sein muß: der anderen Krankheit oder Schicksal oder Glauben und Gefühl. Auch die Entscheidung, die zu deinem Schaden war, laß sie jetzt hier zurück.«

Die Worte tun ihm gut. Er kommt sich vor wie jemand, der schwere Last getragen hat und sie nun niederlegt. Er atmet auf und schüttelt sich. Ihm ist zuerst, als sei er federleicht.

Der Freund beginnt noch mal zu reden: »Vielleicht hast damals du auch etwas abgelegt und aufgegeben, das du behalten mußt, weil es zu dir gehört. Zum Beispiel eine Fähigkeit, ein inniges Bedürfnis. Vielleicht auch Unschuld oder Schuld, Erinnerung und Zuversicht. Den Mut zum vollen Dasein, zur dir gemäßen Tat. Nun sammle es wieder ein, und nimm es mit in deine Zukunft.«

Auch diesen Worten stimmt er zu. Dann prüft er, was er weggegeben und jetzt sich wieder nehmen muß. Als er es nimmt, fühlt er den Boden unter seinen Füßen und spürt sein eigenes Gewicht.

Dann führt der Freund ihn ein paar Schritte weiter und kommt mit ihm zur Tür im Hintergrund. Sie öffnen sie und finden das Geheimnis, das versöhnt.

Nun hält es ihn nicht länger an dem alten Ort. Er drängt zum Aufbruch, dankt dem freundlichen Begleiter und macht sich auf den Weg zurück. Zu Hause angekommen, braucht er noch Zeit, um sich zurechtzufinden mit der neuen Freiheit und der alten Kraft. Doch heimlich plant er bereits die nächste Reise, diesmal in neues, unbekanntes Land.

Der Verzicht

Nach dem Dreißigjährigen Krieg – das waren schlimme Zeiten – kamen die Menschen aus den Wäldern zurück und begannen ihre Häuser wieder aufzubauen. Sie bestellten die Felder und kümmerten sich um das wenige noch übrige Vieh.

Nach einem Jahr hatten sie die erste Ernte im Frieden, und sie feierten ein Fest.

Am Rand des Dorfes aber stand ein Haus, dessen Türe zugemauert war. Manchmal gingen Leute daran vorbei und meinten, sie hätten etwas gehört. Aber sie hatten zu viele andere Sorgen, als daß sie sich darum kümmerten.

Eines Nachts heulte vor der zugemauerten Tür jämmerlich ein kleiner Hund. Der hatte sich verletzt. Doch dann fiel Mörtel aus der zugemauerten Tür, ein Stein wurde gelöst, eine Hand streckte sich heraus, griff nach dem kleinen Hund und zog ihn zu sich herein.

Da war doch wirklich jemand übrig, der nicht wußte, daß es Frieden war. Die eingemauerte Person hielt den kleinen Hund an ihren Bauch, pflegte seine Wunde, spürte seine Wärme, und der kleine Hund schlief ein. Sie schaute durch

die schmale Öffnung, sah die fernen Sterne und atmete zum ersten Mal seit langer Zeit die frische Luft der Nacht.
Dann dämmerte der Tag, ein Hahn krähte, der kleine Hund erwachte, und die Person sah, daß sie ihn ziehen lassen mußte. Sie schob ihn durch die schmale Öffnung, und er lief fort zu seinesgleichen.
Als die Sonne aufgegangen war, kamen Kinder in die Nähe, und eines hielt einen frischen Apfel in der Hand. Sie sahen die Öffnung, schauten hinein, sahen die Person. Doch sie war eingeschlafen. Der Blick ins Freie hatte ihr genügt.

Das Wagnis

Einer, der in alter Zeit in jenem herrlichen Palast gefangen saß, in dem sich nach der Sage auch das Labyrinth befand, schlich sich des öfteren an einem dunklen Tor vorbei, von dem es hieß, es führe ins Verderben.
Schon viele, hörte er, hätten mit Gewalt das dunkle Tor durchbrochen, doch keiner sei zurückgekehrt, und um so größer wurde unter den Zurückgebliebenen die Furcht.
Doch der Gefangene schaute sich das Tor genauer an. Dann, eines Nachts, als alle Wachen müde waren, brach er entschlossen durch das dunkle Tor – und stand im Freien.

*

Geschichten gibt es, die nehmen mit auf einen Weg, und wenn wir uns ein Stück des Weges ihrer Führung anvertrauen, erfüllen sie, was sie erzählen, noch während wir sie hören.

Das Fest

Jemand macht sich auf den Weg, und wie er so nach vorne schaut, sieht er in der Ferne das Haus, das ihm gehört. Er wandert darauf zu, und als er hinkommt, öffnet er die Tür und tritt in einen Raum, hergerichtet für ein Fest.

Zu diesem Fest kommen alle, die in seinem Leben wichtig waren. Und jeder, der kommt, bringt etwas, bleibt ein wenig – und geht. So wie Gedanken kommen, etwas bringen, ein wenig bleiben – und gehen. Und so wie Wünsche kommen oder Leid. Sie bringen etwas, bleiben ein wenig – und gehen. Und so wie auch das Leben kommt, uns etwas bringt, ein wenig bleibt – und geht.

So kommen also zu dem Fest, jeder mit einem besonderen Geschenk, für das er schon den vollen Preis bezahlt hat, wie auch immer: die Mutter – der Vater – die Geschwister – der eine Großvater – die eine Großmutter – der andere Großvater – die andere Großmutter – die Onkel und die Tanten – alle, die Platz gemacht haben für dich – alle, die dich gepflegt haben – Nachbarn vielleicht – Freunde – Lehrer – Partner – Kinder: alle, die wichtig waren in deinem Leben und die noch wichtig sind.

Nach dem Fest bleibt die Person zurück, reich beschenkt, und nur die sind noch bei ihr, für die es richtig ist, noch eine Zeit zu bleiben. Dann tritt sie ans Fenster und schaut hinaus, sieht andere Häuser, weiß, eines Tages ist auch dort ein Fest, und sie wird hingehen, etwas bringen, ein wenig bleiben – und gehen.

Auch wir waren hier bei einem Fest, haben etwas gebracht und etwas genommen, sind etwas geblieben – und gehen.

Leib und Seele, Leben und Tod

In diesem Vortrag spreche ich über das Zusammenwirken von Leib und Seele und über das Leben mit dem Tod und den Toten, und zwar im Hinblick darauf, daß viele Krankheiten seelisch und familiengeschichtlich bedingt oder mitbedingt sind. Ihre Heilung hängt daher von Entwicklungen in der Seele ab. Es muß also gleichzeitig mit der medizinischen Behandlung auch in der Seele etwas erkannt und geordnet werden. In diesen Zusammenhang beziehe ich neben Krankheiten auch schwere Unfälle und Selbstmord mit ein. Denn es geht hier nicht nur um Gesundheit und Krankheit, sondern um Leben und Tod.

Der Leib

Wenn wir über das Zusammenwirken von Leib und Seele nachdenken, sind wir manchmal noch in der Vorstellung befangen, der Leib sei stofflich, und die Seele komme als belebende und steuernde Kraft hinzu. Dieser Vorstellung liegt die Erfahrung zugrunde, daß Sterbende einen letzten Atemzug tun, so daß es scheint, als hauchten sie mit ihm auch ihre Seele aus. Diese Vorstellung wird vom Ende des Lebens auf seinen Anfang übertragen, ähnlich wie in der biblischen Schöpfungsgeschichte, nach der Gott den Menschen aus dem Staub der Erde bildete und in seine Nase einen Lebenshauch blies.

Doch nach unserem heutigen Wissen entsteht der lebendige Mensch, weil sich die lebenden und daher schon beseelten Keimzellen seiner Eltern in ihm zu einem neuen Menschen verbinden. Daher ist unser Leib von Anfang an beseelt. Wir sind also ein Glied in einer langen Kette, die alle vor und nach und neben uns miteinander verbindet, so als hätten wir Anteil an einem allen gemeinsamen Leben und an einer allen gemeinsamen Seele. Daher reicht die Seele auch über uns hinaus, hinein in unsere Umgebung: in unsere Familie, in die anderen größeren Gruppen und in die Welt als Ganzes. Dennoch erfahren wir die Seele zunächst auf unseren Leib bezogen. Sie lenkt seinen Beginn, sein Wachstum, die Weitergabe des Lebens durch ihn und, nach einiger Zeit, auch sein Sterben.

Das Ich

Doch wir erfahren uns dem Leib und der ihn belebenden Seele auch gegenüber, so als hätten wir in uns eine Mitte, die mit ihm und seiner Seele in Wechselwirkung steht. Eine Mitte, die den Bewegungen des Leibes und seiner Seele zustimmt oder widerspricht, sich über sie erhebt oder sich ihnen willig oder ohnmächtig fügt. In dieser Mitte erleben wir uns also dem Leib und der Seele gegenüber sowohl frei als auch gebunden. Wir nennen diese Mitte das Ich. Wir haben diese Ich-Erfahrung aber nur, weil der Leib und die ihn belebende Seele ein eigenes Bewußtsein und einen eigenen Willen haben, die dem Wollen des Ich sowohl zustimmen als auch widerstehen. Dieses Zusammenspiel fördert oder gefährdet den Leib, und wir können über Beobachtung und Erfahrung erkennen, wann es ihm dient und wann es ihm schadet.

Ich und Leib

Mit dem Ich verbinden wir in der Regel Bewußtsein, Vernunft, freien Willen, Kontrolle und Leistung. Doch ist nicht alles, was das Ich will, vernünftig und frei, denn das Ich ist auch triebhaft und oft auch verblendet. Man denke, zum Beispiel, an die Waghalsigen, die Leichtsinnigen, die Asketen, die ihrem Leib etwas abverlangen, das seiner Gesundheit schadet. Der Leib wehrt sich dagegen, zum Beispiel, indem er krank wird oder nachläßt, sich verletzt oder schmerzt. Dadurch bringt er das Ich zur Besinnung und zur Vernunft. Der Leib und die ihn steuernde Seele erweisen sich dann als wissender und weiser als das Ich. Durch sie wird das Ich in seine Grenzen verwiesen, und es wird selber wissend und weise, wenn es diese Grenzen beachtet.

In der Bibel gibt es eine Geschichte, die dafür als Gleichnis dienen mag: Als der Prophet Bileam entgegen der Weisung Jahwes zu den Moabitern reiten wollte, drängte ihn seine Eselin vom Weg ab, denn sie sah vor sich den Engel Gottes, wie er ihr mit dem gezückten Schwert den Weg vertrat. Bileam aber schlug sie, bis sie wieder weiterritt. Dann ritten sie durch einen Hohlweg und wieder sah die Eselin vor sich den Engel Gottes mit dem gezückten Schwert. Daher preßte sie Bileam an die Wand, so daß er sich weh tat. Und wieder schlug er sie, bis sie weiterritt. Noch einmal sah sie den Engel Gottes mit dem Schwert, legte sich unter Bileam auf den Boden und weigerte sich, wieder aufzustehen. Bileam wurde so wütend, daß er sie am liebsten erschlagen hätte. Doch nun drehte die Eselin den Kopf zu ihm und redete: »Bin ich denn nicht deine Eselin, auf der du bis zum heutigen Tag geritten bist? Habe ich denn je gefehlt, dir zu dienen?« Dann blickte Bileam nach vorne, und auch er sah den Engel mit dem gezückten Schwert, wie er ihm den Weg vertrat.

Es gibt also eine verblendete Seite des Ich, die vom Leib etwas Schlimmes und Krankmachendes fordert. Daher beginnt die Wende zum Besseren für Leib und Seele mit der Einsicht des Ich in seine Grenzen, in die Grenzen des Leibes und seiner Gesundheit und die Grenzen unseres Lebens.

Oft erlangt das Ich diese Weisheit erst über Krankheit und Leid. Die Krankheit und das Leid läutern das Ich und wirken über das Ich, wenn es einsichtig wurde, heilend zurück auf den Leib. Daher muß manchmal eine Krankheit ihre reinigende und belehrende Wirkung auf das Ich erst vollenden, bevor sie nachlassen und aufhören kann.

Umgekehrt wirkt auch das Ich wohltuend und heilend auf den Leib, vor allem das aufgeklärte und das geläuterte Ich. Aufgeklärt heißt hier, daß es sich sowohl seiner Möglichkeiten als auch seiner Grenzen bewußt ist und daß es sich jenseits seiner triebhaften Wünsche und Ängste rein an die wahrnehmbare Wirklichkeit hält. Geläutert heißt, daß es mit der ihm weitgehend unbewußten, aber dennoch in einem viel tieferen Sinn als das Ich wissenden Seele im Einvernehmen und im Einklang ist.

Dem aufgeklärten Ich verdanken wir, zum Beispiel, die naturwissenschaftliche Medizin, das Wissen über Krankheitsursachen, die Hygiene, die Chirurgie und wirksame Medikamente.

Ich denke hier aber auch an die Psychologie und die Psychotherapie mit ihren Erkenntnissen über die unbewußten Hintergründe von krank machendem Verhalten und an ihre Methoden zur Beeinflussung solchen Verhaltens, zum Beispiel durch Analyse, Verhaltenstherapie,

Hypnotherapie, das Neurolinguistische Programmieren. Dadurch nimmt das aufgeklärte Ich sowohl den Leib wie die Seele in Zucht und entfaltet deren Möglichkeiten weit über den Bereich der körperlichen Gesundheit hinaus.
Dennoch kommen die Medizin und die Psychotherapie und mit ihnen das sich behauptende Ich an Grenzen, die ihnen Einhalt gebieten. Denn nach einiger Zeit wird jeder Mensch krank und schwach und stirbt. Die Seele stimmt der Bewegung zum Tod zu. Denn sie reicht in beide Bereiche hinein und überdauert, so scheint es, in beiden. Sie sehnt sich zurück und ist mit dieser Bewegung im Einklang.
Freud nannte diese Sehnsucht den Todestrieb. Doch wenn sich das geläuterte Ich mit ihr verbindet, ist sie eine höchst bewußte und wache Bewegung. Denn in der Tiefe sehnt sich die Seele und mit ihr der Leib zurück zum Ursprung, aus dem das Leben kommt und in den es zurückkehrt.

Familie und Seele

Die Seele wirkt aber nicht nur im Bereich des Leibes, noch ist sie, wie das Bild vom Leib als Gefängnis der Seele nahelegt, in ihm gefangen. Sie steht in Wechselwirkung mit seiner Umgebung, sonst gäbe es ja weder Stoffwechsel noch Fortpflanzung. Zu dieser Umgebung gehört vor allem die Familie und Sippe, in der wir das Leben empfangen haben und in der wir es auch weitergeben, wenn wir das dürfen.
Die Familie und Sippe hat offensichtlich eine gemeinsame Seele und ein gemeinsames Gewissen, welche die Famili-

enmitglieder aneinander binden und nach Ordnungen steuern, die weitgehend unbewußt bleiben, ähnlich wie die Seele auch die Glieder und Organe des Leibes verbindet und steuert. Die Seele wirkt also in der Familie und Sippe, als sei sie ein erweiterter Leib. Und wie wir die Ordnungen des Zusammenwirkens der Organe im Leib über Beobachtung und Erfahrung Schritt für Schritt verstehen und beeinflussen können, so können wir auch die Ordnungen des Zusammenwirkens der Familienmitglieder Schritt für Schritt über Beobachtung und Erfahrung ans Licht bringen.

Als erstes fällt auf, daß auch die Familie und Sippe wie der Leib eine Außengrenze haben. Das heißt, es werden von der Familienseele nur bestimmte Familienmitglieder aneinander gebunden und von einem gemeinsamen Gewissen gesteuert. Danach gehören zur Familie und Sippe: die Geschwister, die Eltern und ihre Geschwister, die Großeltern, manchmal noch der eine oder die andere der Urgroßeltern, aber auch noch Ahnen von weiter zurück, wenn diese ein besonderes Schicksal hatten. Andere Verwandte, zum Beispiel Cousins und Cousinen, zählen nicht mehr dazu.

Neben diesen Blutsverwandten zählen zur Familie und Sippe auch jene Nichtverwandten, von deren Weggang oder Tod andere in der Familie und Sippe einen Vorteil hatten. Dazu gehören vor allem frühere Partner von Eltern und Großeltern.

Es gibt aber noch andere Ähnlichkeiten zwischen dem Wirken der Seele im Leib und dem Wirken der Seele in der Familie und Sippe. Wie die Seele im Leib auf die Unversehrtheit achtet, so achtet sie in der Familie und Sippe auf die Vollständigkeit. Daher versucht die Seele in der Familie den Verlust eines Mitglieds dadurch auszugleichen, daß sie dieses durch ein anderes Mitglied vertreten läßt. Das ist eine der Ursachen dafür, daß Familienmitglieder in die Schicksale anderer Mitglieder verstrickt werden. Und wie sich der Leib von einem Organ, das die Gesundheit anderer Organe gefährdet, notfalls auch trennen muß, so muß sich auch die Familie und Sippe manchmal von einem Mitglied trennen, wenn sein Verbleiben andere in der Familie gefährdet.

Familie und Krankheit

Ich werde nun an einigen Beispielen zeigen, wie es zu krank machenden und lebensbedrohenden Verstrickungen in der Familie kommt, und wie wir uns aus ihnen lösen oder sie verhindern können.

Wenn der Familie ein Mitglied verlorengeht, zum Beispiel wenn Vater oder Mutter früh sterben, dann sagt ihnen manchmal ein Kind innerlich: »Ich folge dir nach.« Oft will dann dieses Kind sterben, sei es durch eine Krankheit oder durch Unfall oder durch Selbstmord. Auch wenn das Kind diesen innerlich gesprochenen Satz nicht ausführt, spürt es doch in seiner Seele oft eine besondere Nähe zum Tod und sehnt sich nach ihm. Oder wenn ein Kind ein Geschwister verliert, zum Beispiel ein totgeborenes oder früh verstorbenes, dann sagt es auch ihm: »Ich folge dir nach.«

Als ein berühmter Bootsrennfahrer sich bei einem Rennen überschlug und starb, begann auch seine Tochter Bootsrennen zu fahren. Auch sie überschlug sich bei einem Rennen, überlebte es aber. Als jemand sie fragte, was sie in diesem Augenblick gedacht habe, sagte sie: »Nur eines – Papa, ich komme.«

Hinter dem Satz »Ich folge dir nach« wirkt die tiefe Liebe, mit der die Seele das Kind an seine Familie bindet. Diese Liebe ist stärker als der Tod, und sie ist blind. Sie glaubt, daß durch den Tod die Trennung wiederaufgehoben werden kann und daß durch eigenes Leiden und Sterben andere in der Familie erlöst werden können. Bei einer Familienaufstellung kann das Vergebliche und die Verblendung dieser Liebe ans Licht gebracht werden. Dann wird dem Kind durch die Aussagen und die Gefühle der Stellvertreter klar: Die Toten lieben die Lebenden mit der gleichen Liebe wie die Lebenden sie, und der Wunsch der Lebenden, den Toten nachzufolgen, schmerzt die Toten, statt daß er sie freut. Dem Kind wird klar, die Toten wollen nicht, daß ihr Tod auch anderen den Tod bringt; sie sind entlastet, wenn es den Lebenden gutgeht, und sie segnen die Lebenden, damit sie noch bleiben.

Noch eine andere Dynamik wirkt hinter dem Satz »Ich folge dir nach.« Es ist das elementare Bedürfnis nach Ausgleich und Sühne. Oft fühlen sich die Lebenden schuldig, wenn sie leben, während andere aus der Familie schon tot sind, und sie fühlen sich entlastet, wenn auch sie sterben. Dann hilft es, wenn sich die Lebenden vor den Toten verneigen und ihnen sagen: »Ich lebe noch ein bißchen, dann sterbe ich auch.« Dann wird das Leben von ihnen nicht mehr als Anmaßung empfunden, und sie können es nehmen, solange es dauert. Ein anderer Satz, der den Lebenden hilft, lautet: »Dir zum Andenken bleibe ich noch ein bißchen.« Oder, wenn ein Kind seinen toten Eltern nachfolgen will, hilft ihm der Satz: »Ich halte in Ehren, was ihr mir geschenkt habt. Ich mache etwas daraus, euch zum

Andenken, und ich behalte es, solange ich darf.« Dann wird das triebhafte Bedürfnis nach Bindung und Ausgleich auf eine umfassendere Weise erfüllt. Das ist eine Ich-Leistung höherer und geistiger Art. Sie verlangt einen Fortschritt, man könnte auch sagen, einen evolutionären Schritt, weg vom Engeren auf das Weitere hin, ein Überschreiten der Grenzen der Familien-Seele in die Dimensionen der Großen Seele hinein.

Lebende und Tote

Wenn jemand den Sog hin zu den Toten spürt, kann man mit ihm eine einfache Übung machen. Man läßt ihn die Augen schließen, sich langsam in seiner Mitte sammeln und dann hinter diese Mitte weit zurück zu den Toten gehen, zu denen es ihn zieht. Dort angekommen, legt er sich neben sie und wartet, bis er still und eins mit ihnen wird, und er wartet, bis vielleicht von ihnen etwas zu ihm kommt, was immer es sein mag. Er nimmt es in sich auf, bis er davon erfüllt ist. Dann geht er von den Toten den Weg zu den Lebenden zurück, bis er wieder zu seiner Mitte kommt und noch weiter nach oben – und öffnet die Augen.

Viele Lebende wollen zu den Toten. Doch wenn die Lebenden die Toten achten, kommen die Toten zu ihnen – und sind freundlich. Sie kommen und sind in einiger Entfernung freundlich gegenwärtig.

Manche meinen, die Toten hätten es schlecht. Man könnte aber auch sagen: Sie sind aufgehoben. Nur die Lebenden haben es noch schwer.

Ein weitverbreitetes Bild ist, daß die Toten weg sind: Sie sind begraben und damit weg. Dann kommt noch ein Grabstein darauf, damit sie nicht mehr herauskommen. Dies ist der ursprüngliche Sinn des Grabsteins, der lag früher ja flach. Doch daß die Toten weg sind, ist ein seltsames Bild.

Martin Heidegger hat dazu andere Bilder. Er sagt: Aus dem Verborgenen kommt etwas ans Licht ins Unverborgene, und dann sinkt es wieder zurück ins Verborgene. Das Verborgene ist anwesend auf die Weise des Verborgenen. Aber es ist nicht weg. Es taucht auf und sinkt zurück.

Auch die Wahrheit folgt diesem Gesetz. Sie taucht aus dem Verborgenen auf – und sinkt wieder in das Verborgene zurück. Deswegen können wir sie auch nicht fassen. Manche meinen, die Wahrheit sei gültig und ewig und man hätte sie in der Hand. Nein, sie zeigt sich kurz und sinkt zurück. Deswegen ist sie, wenn sie auftaucht, auch jedesmal anders. Sie ist ein Abglanz des Verborgenen, das ans Licht kommt.

So kommt auch das Leben aus dem Verborgenen, das wir nicht kennen, ans Licht, ins Unverborgene, und sinkt zurück. Das eigentliche Große ist das Verborgene. Das, was ans Licht kommt, ist verglichen mit diesem Großen nur etwas Vorübergehendes und Kleines.

Auch die Toten sind im Verborgenen. Aber sie wirken herein ins Unverborgene. Wenn man die Toten wirken läßt, wird das Leben durch sie getragen.

Wer aber ins Verborgene absinkt vor der Zeit, der vergeht sich an dieser Bewegung. Auch wer im Leben verharrt über die Zeit, wer das Leben festhält über die Zeit, der vergeht sich gegen den Fluß von Ans-Licht-Kommen und dann wieder Ins-Verborgene-Absinken. Beides ist gegen den Fluß: das Zu-schnelle-Weggehen-vor-der-Zeit – das ist wie eine Verachtung dessen, was am Licht ist – und auch

das Festhalten am Leben, obwohl die Zeit abgelaufen ist. Wenn die Zeit abgelaufen ist, dann ist es gemäß, daß man losläßt und absinkt.
Als Therapeut halte ich die Lebenden mit Hilfe der Toten am Leben, solange es gemäß ist und soweit ich das darf. Doch wenn es sich zeigt, daß die Zeit vorbei ist, halte ich keinen fest. Ich stemme mich nicht gegen die Schicksale und gegen den Fluß, als könnte und dürfte ich das Absinken verhindern, sondern ich bin mit den Schicksalen im Einklang.
Man kann sehen, daß bei diesen tiefen Vorgängen, wo es um Leben und Tod geht, eine Lösung vielleicht aufscheint und der Patient sie eine Zeitlang auch annimmt, doch dann sinkt er wieder zurück. Auch dem stimme ich zu. Wir wissen ja nicht, ob das Schicksal, das der einzelne wählt oder dem er sich fügt, für ihn nicht doch das Gemäßere ist. Ob sein Schicksal nicht eine verborgene Größe hat, die Außenstehende nicht durchschauen.
Diese Haltung hat etwas Beruhigendes, etwas Tiefes. Dann kann man in den einen Bereich und in den anderen gehen und ist auch im Leben mit dem Urgrund verbunden.

Die Sühne

Manchmal aber muß ein Lebender zu den Toten gehen und bei ihnen bleiben, zum Beispiel ein Mörder. Sonst gehen für ihn seine Kinder und noch seine Enkel und Urenkel. Mörder sind unauflöslich an ihre Opfer gebunden. Daher müssen sie ihre eigene Familie verlassen und sich neben ihre Opfer legen. Das scheint hart, aber jeder

andere Weg hat schlimme Folgen für Unschuldige über viele Generationen hinweg.
Ich bringe ein Beispiel: Eine junge Frau sagte in einer Gruppe, daß sie seit der Geburt ihrer beiden Töchter das sichere Gefühl hat, bald sterben zu müssen, und daß etwas über ihr schwebt, das sie nicht fassen kann. Sie stellte ihre Gegenwartsfamilie auf, und es kam ans Licht, daß ihre Stellvertreterin auf jemanden schaute, der nicht da war. Daraufhin angesprochen sagte die Frau: »Ich schaue zurück in die Vergangenheit, auf meinen Vater und auf meinen Großvater.« Ihr Vater hatte Selbstmord begangen, als sie ein Jahr alt war, und der Großvater war bei der SS und hatte jüdische Kinder und Frauen erschossen.
Dann wurde ein Stellvertreter für ihren Großvater aufgestellt und einer für ihren Vater, der sich umgebracht hatte, und es wurden für die ermordeten jüdischen Kinder zehn Stellvertreter nebeneinander vor die Familie gestellt. Die Stellvertreterin der jungen Frau hat diese Kinder nicht einmal angeschaut und nichts dazu gesagt, so als hätte sie wie ihr Großvater kein Mitleid mit ihnen. Doch ihre jüngste Tochter, also bereits die Urenkelin des Mörders, sagte, daß sie ein ganz starkes Bedürfnis fühle, zu den toten jüdischen Kindern zu gehen und sich zu ihnen zu stellen. So wirkt ein Mord über die Generationen hinweg, wenn ein Mörder die Gemeinschaft mit den Toten verweigert und wenn die Ermordeten nicht gewürdigt werden.
Als nächstes wurde die Frau aufgefordert, sich ausgestreckt vor die toten Kinder zu legen und – nach einer Weile, in der sie sehr weinte – sich mit ihren eigenen Kindern vor die toten Kinder zu knien und sie anzuschauen. Das brachte den Toten etwas Frieden. Sie wurden traurig und fühlten, als würden sie wieder lebendig. Und sie hatten Mitleid mit

der Frau und ihren Kindern, besonders mit ihrer Jüngsten, die sich neben sie stellen wollte. Doch es war noch nicht gut. Denn vom Mörder spürten sie eine Bedrohung und hatten Todesangst. Erst als dieser vor die Tür geschickt wurde, was soviel wie Sterben bedeutet, ging es den Toten besser. Ihre Aufmerksamkeit und ihr Mitgefühl wandte sich jetzt ganz der weinenden Frau und ihren Kindern zu, und sie warteten darauf, daß von ihr etwas komme, das ihre Kinder erlöst.

In der Zwischenzeit wollte sich der Vater der Frau, der sich umgebracht hatte, vor seine Tochter und deren Kinder stellen, um sie vor der Nachfolge in den Tod der jüdischen Kinder zu schützen. Er wollte sich an ihrer und an Stelle ihres Großvaters zu den Toten stellen. Doch anders als viele Lebende meinen, wollten die Toten den Tod der Unschuldigen nicht.

Dann wurden die Kinder der Frau zwischen ihre Eltern gestellt. Diese nahmen sie bei der Hand, verneigten sich tief vor den toten jüdischen Kindern, schauten ihnen in die Augen und sagten: »Bitte«. Doch die Frau spürte noch immer den Drang, zu den Toten zu gehen. Sie stellte sich neben die toten jüdischen Kinder und ihren toten Vater, der sich schon vorher zu den Toten gestellt hatte. Sie fühlte, daß sie das verdiene, und fühlte sich dort erleichtert. Von den Stellvertretern der toten jüdischen Kinder aber kamen ganz andere Aussagen, und ich zitiere sie hier im Wortlaut: Das erste Kind: »Ich erlebe das Tot-Sein als etwas Unpersönliches, als wenn es mit dem Mörder nichts zu tun hat und schon gar nicht mit der Enkelin. Für mich ist es nicht angemessen, daß sie sich dazustellt. Sie soll zu ihrer Familie gehen. Ich bin nicht daran interessiert, daß sie büßt. Das ist ein Bereich, der ihr nicht zusteht.«

Das zweite Kind sagte: »Ich bekam weiche Knie, als sie kam. Ich habe gleich gedacht, sie gehört nicht zu uns.«
Dann das dritte Kind: »Das ist einfach zuviel.«
Und das vierte: »Ich will das Opfer nicht, das steht ihr nicht zu.«
Das fünfte Kind sagte: »Für mich hat sie eine Aufgabe bei ihren Kindern, um dem Leid ein Ende zu machen.«
Das sechste Kind wurde ganz traurig und sagte: »Sie braucht uns und ihrem Vater nicht zu folgen. Ihr Platz ist bei ihrer Familie.«
Dann das siebte Kind: »Wenn sie mich wirklich anschauen würde, wüßte sie, daß sie hier nicht stehen kann.«
Das achte Kind: »Mir ist es wärmer geworden, und sie bedeutet mir etwas ganz Nahes.«
Das neunte: »Als sie hierher kam, dachte ich, du gehörst hier nicht hin.«
Das zehnte Kind sagte: »Als sie hier herüberkam, kamen Aggressionen in mir hoch.«
Ihr toter Vater sagte: »Mir hat es weh getan, als meine Tochter hierher gekommen ist. Mir liegt auf der Zunge, ihr zu sagen: Bei deiner Familie ist dein Platz. Ich mache das hier alleine.«

Durch diese Antworten wurde der Frau klar: Es ist eine Anmaßung, sich zu den Toten zu stellen, wenn man nicht dazugehört. Sie stellte sich wieder neben ihre Kinder, schaute den toten jüdischen Kindern in die Augen und sagte: »Nach einer Weile komme ich auch.« Dann schaute sie ihre Kinder an und sagte ihnen: »Jetzt bleibe ich noch ein bißchen.« Das gleiche sagte sie auch ihrem Mann.
Dann wurde der Stellvertreter des Großvaters wieder hereingerufen. Er sagte: »Ich war sehr erleichtert, als ich

aufgefordert wurde, vor die Tür zu gehen. Ich hätte hier nichts sagen wollen und dürfen, und so ging es mir auch draußen.«
Soweit dieses Beispiel.

In diesem Zusammenhang möchte ich auch etwas zu den Nachkommen der Opfer sagen. Viele jüdische Mitbürger, deren Angehörige in den Vernichtungslagern ermordet wurden, scheuen sich, ihre Toten anzuschauen und ihnen die Ehre zu geben, weil sie meinen, sie hätten angesichts dieser Schicksale nicht das Recht, am Leben zu bleiben. Sie fühlen sich schuldig und wollen sühnen, als seien sie Täter. Dadurch können weder sie zu den Toten kommen, noch die Toten zu ihnen. Doch wenn sich die Überlebenden und Nachkommen ihren toten Angehörigen stellen, ihnen in die Augen schauen, bis sie sie wirklich sehen, sich vor ihnen verneigen und ihnen mit Liebe die Ehre geben, dann ist es, als würden die Toten auferstehen, als würde das schlimme Tot-Sein für sie aufhören und als könnten sie sich endlich den Lebenden zuwenden und sie segnen, damit sie bleiben und damit ihr Leben in ihnen weiterfließt. Das Tröstlichste für die Toten ist es daher, wenn ihnen in einer solchen Aufstellung die Lebenden sagen: »Schau, ich habe Kinder.«

Stellvertretendes Sterben

Noch eine andere Dynamik führt in Familien und Sippen zu schweren Krankheiten, Unfällen und Selbstmord. Wenn ein Kind wahrnimmt, daß Vater oder Mutter gehen oder sterben wollen – oft, weil sie jemandem in ihrer

Herkunftsfamilie nachfolgen wollen –, dann sagt es ihnen innerlich: »lieber ich als du« oder »lieber verschwinde ich als du.« Sie werden dann vielleicht krank, zum Beispiel magersüchtig, oder sie haben schwere Unfälle oder sie bringen sich um. Diese Dynamik gibt es auch zwischen Partnern, und ich bringe dazu ein Beispiel:

Eine an Krebs erkrankte Frau erzählte, ihr Mann habe sich vor zwanzig Jahren erschossen. Sie war seine zweite Frau. Von der ersten hatte er sich getrennt, weil beide Partner dachten – so sagte sie –, der andere sei doch der Verkehrte. In der Aufstellung stand der Mann seiner ersten Frau gegenüber, und er schaute immer auf ihre Füße. Sie aber fühlte sich eigenartig leicht in den Füßen, so als ob sie abheben könnte. Daraufhin wurde der Mann aufgefordert, sich vor seine erste Frau zu knien und den Kopf vor ihre Füße zu legen. In dem Augenblick schlug die Frau die Hände vor ihr Gesicht, schluchzte und zitterte heftig. Dann kniete sie sich zu ihm, zog ihn zu sich empor, schaute ihm in die Augen und umarmte ihn unter lautem Schluchzen. Dann stand sie auf und zog den Mann mit hoch. Beide legten den Arm umeinander, und die Frau legte ihren Kopf an seine Brust.
Die Frau wurde aufgefordert, dem Mann zu sagen: »Ich nehme es von dir als ein Geschenk und halte es in Ehren.« Dann umarmten sich beide lange und innig. Allen Beteiligten war klar: Der Mann hatte sich an Stelle seiner Frau umgebracht.

Das sind die Geheimnisse der Liebe, die wir oft leichtfertig verleugnen. Es ist diese Liebe, die hinter vielen seelisch und familiengeschichtlich bedingten Krankheiten wirkt, sei es über den Satz: »Ich folge dir nach«, sei es über das Bedürfnis, stellvertretend zu sühnen, sei es über den Satz: »Lieber ich als du.« Dabei spielt es keine besondere Rolle, über welche Krankheit oder welches lebensbedrohliche Handeln diese Liebe sich äußert. Die Grunddynamiken sind sich auch bei unterschiedlichen Krankheiten und Schicksalen gleich oder ähnlich.

Die Große Seele

Doch die Seele reicht auch über die Grenzen der Familie und Sippe hinaus. Sie steht in Wechselwirkung mit anderen Gruppen und letztlich mit der Natur und der Welt als Ganzem. Hier erfahren wir die Seele als grenzenlos, als Große Seele, weder an den Raum noch an die Zeit gebunden. In ihr sind alle Gegensätze aufeinander bezogen und daher auch aufgehoben, auch die Gegensätze von Gut und Böse, Vorher und Nachher, Leben und Tod.

Zwar reicht auch der Leib zurück ins Reich der Toten, weil in ihm die Toten gegenwärtig weiterwirken, und auch der Familie und Sippe bleiben ihre Toten eine Zeitlang erhalten, so als seien beide, die Lebenden und die Toten, noch aufeinander angewiesen und als hinge das Wohl der einen auch vom Wohl der anderen ab. Doch für die Große Seele ist diese Trennung in jeder Hinsicht aufgehoben. Sie verbindet auch jene, die aus der Familie ausgeschlossen werden mußten. In ihr werden auch sie wieder mit ihrer Familie vereint.

Vor allem aber erfahren wir die Große Seele als Kraft, die uns für etwas über uns hinaus in ihren Dienst nimmt. Sie trägt und steuert uns, wenn uns etwas Neues und Großes und Dauerndes gelingt, so als ob nicht wir am Werk gewesen wären, sondern die Große Seele durch uns. Das gilt auch für das Böse und die Bösen, so schwer uns vielleicht diese Einsicht auch fällt.

Der Friede

Erst die Verbindung zur Großen Seele ermöglicht es uns, unbefangen auf die Verstrickungen zu schauen und sie durch Hinwendung auf das Größere auch zu überwinden. Oft kann man beobachten, daß Patienten, denen ein erster Schritt aus ihrer Verstrickung gelungen ist, nach einiger Zeit wieder in sie zurückfallen. Denn die Verstrickung, so schlimm sie den Außenstehenden auch erscheinen mag, gibt dem Betroffenen das Gefühl von Zugehörigkeit, Liebe und Macht. Das hängt damit zusammen, daß uns das Gewissen selbst dort, wo es uns blind und triebhaft überfällt, am ehesten ein kindliches Gefühl von Erfüllung und Glück vermittelt und von Frieden und Aufgehobensein.
Erst indem wir die Aufklärung auch auf das Gewissen ausdehnen und uns durch das Weiterschreiten in den Bereich der Großen Seele hinein von ihm lösen, werden die triebhaften Bedürfnisse nach Zugehörigkeit, Anerkennung und Ausgleich ihrer krank machenden und lebensgefährdenden Wirkung beraubt. Erst auf dieser höheren Ebene wird die Liebe, die blind macht, sehend; der Ausgleich, der das Schlimme nur fortsetzt, wird zum Ausgleich, der das Schlimme beendet; und die Anmaßung, die meint, sie könne die Schicksale anderer rückgängig machen und

wenden, weicht der Demut, die um die Grenzen unserer Liebe weiß. Diese Demut erst bringt uns in Einklang mit Gesundheit *und* Krankheit, Gut *und* Böse, Leben *und* Tod. Das aber ist letztlich ein religiöser Vollzug. In ihm werden Ich und Große Seele eins.

Psychotherapie und Religion

Die Psychotherapie und die Religionen suchen beide das Heil und die Heilung der Seele, und sie suchen über die Seele das Heil und die Heilung des ganzen Menschen. Das verbindet sie. Doch sie unterscheiden sich auch, denn die Psychotherapie weiß sich von ihren Ursprüngen her der Wissenschaft und der Aufklärung verpflichtet und steht daher den überkommenen Religionen kritisch gegenüber. Für die Religionen war das in vieler Hinsicht heilsam. Denn die Psychotherapie zwingt durch ihre Einsichten die Religionen zu einer Reinigung, das heißt zur Abkehr von mythischen Bildern, Hoffnungen und Ängsten und zur Rückkehr zu ihren Anfängen und Wurzeln.

Seele und Ich

Doch stellt sich auch bei der Psychotherapie die Frage, inwieweit sie im Bann archaischer Bilder und Hoffnungen bleibt und daher selber einer Entmythologisierung bedarf. Es sei nur darauf hingewiesen, daß auch das Ich, so wie es manche Psychotherapeuten fasziniert, ein mythisches Bild ist, das mythische Hoffnungen nährt, und das Ängste auf eine manchmal fast abergläubisch anmutende Weise zu beschwichtigen sucht.

Auch daß die Seele, sowohl in der Religion als auch in der Psychotherapie, als etwas Persönliches angesehen wird, scheint mir ein Mythos zu sein. Denn wenn wir unbefangen hinschauen, wie die Seele wirkt, dann sehen wir, daß nicht *wir* eine Seele haben und besitzen, sondern daß die Seele *uns* hat und *uns* besitzt. Daß nicht *sie* uns zu Diensten ist, sondern daß sie *uns* in ihren Dienst nimmt. Also der Fragen, die sowohl die Religion als auch die Psychotherapie betreffen, gibt es genug.

Die Vorgangsweise

Meine Vorgangsweise ist phänomenologisch. Das heißt, ich sehe ab vom Gewohnten, soweit ich das kann, also auch von Theorien und Überzeugungen, und setze mich der erfahrbaren Wirklichkeit aus, wie sie sich zeigt, und wie sie sich wandelt mit der Zeit. Dann warte ich, ob aus dem Verborgenen etwas aufscheint, das plötzlich, wie ein Blitz, als wahr und wesentlich trifft und erhellt, etwas, das in Einklang bringt mit einer Wirklichkeit, die das Wissen und Planen und Wollen des Ich weit hinter sich läßt und sich an der Wirkung bewährt.

Seele und Ich in der Religion

Ich beginne mit der Religion und frage zuerst: Was geht in jemandem vor, wenn er sich als religiös erlebt?
Wenn wir religiöse Menschen betrachten, sehen wir, daß sie sich bewußt sind, von Kräften abhängig zu sein, deren Wirken geheimnisvoll bleibt. Im Angesicht solcher Erfahrungen nehmen sie eine Haltung der Ehrfurcht ein oder der Demut oder der Andacht vor etwas Geheimnisvollem,

das sie nicht verstehen. Das ist die eigentliche religiöse Haltung. Sie läßt uns eher einen Schritt zurück als vorwärts tun, ist ohne Anspruch, im Einklang und in Frieden. Ich nenne sie die Religion der Seele.

Doch ein Bereich der Seele hält diese Zurückhaltung schwer aus. Statt dessen versucht er, die Wirklichkeit hinter den Erscheinungen in den Griff zu bekommen, sie zu beeinflussen und sie sich dienstbar zu machen, zum Beispiel durch Riten, Opfer, Sühne, Gebet. Ich nenne das die Religion des Ich.

Zwar schwingt in der Religion des Ich die Religion der Seele mit, denn auch hier wird eine Wirklichkeit anerkannt, die über uns hinausgeht. Gleichzeitig aber wird versucht, die Verborgenheit dieser Wirklichkeit aufzuheben und über sie zu verfügen. Das ist eigentlich ein Widerspruch. Daher kommt es zu Entartungen der Religion an dem Punkt, an dem wir das Geheimnis lüften und uns verfügbar machen wollen, statt es zu achten. Damit ist der Reinigungsweg für die Religionen und den religiösen Vollzug vorgezeichnet. Er geht vom Ich zurück zur Seele.

Die Offenbarungsreligionen

Von besonderer Bedeutung sind für uns die Offenbarungsreligionen, also Religionen, die auf einen Menschen zurückgehen, der anderen gesagt hat, er habe von Gott eine Offenbarung erhalten und der andere auffordert, oft unter Androhung der ewigen Verdammnis, seiner Offenbarung zu glauben. Die Offenbarungsreligionen – für uns vor allem das Christentum – sind gleichsam der Gipfel einer Religion des Ich. Nicht nur ist der Gott, von dem gesagt wird, er habe sich offenbart, ein Ich, mit allen Eigenschaften eines Ich. Auch der Offenbarer spricht als ein Ich, das von anderen verlangt, daß sie ihr Ich seinem Ich unterwerfen. Doch wenn wir uns auch hier den Vorgang unbefangen anschauen, stellen wir fest, daß der Offenbarer nur von *sich* redet und daß der Glaube, den er fordert, letztlich ein Glaube an *ihn* ist. Damit behauptet er zugleich, daß Gott niemand anderem eine ähnliche Offenbarung zukommen lassen wird, daß alle anderen daher von einer ähnlichen Offenbarung ausgeschlossen sind und daß Gott selbst sich dieser Offenbarung für alle Zeiten fügt. Der Offenbarer erhebt sich also durch seine Offenbarung nicht nur über seine Anhänger, sondern auch über den von ihm verkündeten Gott. Daher sind es vor allem die Offenbarungsreligionen, die der Aufklärung und der Reinigung bedürfen.

Die Religionsgemeinschaft

Wenn wir nun die religiöse Entwicklung des einzelnen näher betrachten, fällt auf, daß sein religiöses Fühlen, Glauben und Tun in der Familie beginnt und daß ihm seine religiösen Vorstellungen von der Familie vorgegeben werden. Die Religion gehörte früher zu den Bedingungen der Zugehörigkeit zur Familie. Verstöße dagegen wurden wie ein Abfall von der Familie erlebt und entsprechend geahndet. Daher wurde – und wird zum Teil noch heute – der Abfall von der Religion der Familie weniger als Abfall von der Religion denn als Abfall von der Familie erlebt, verbunden mit der Angst, die Zugehörigkeit zur Familie zu verlieren. Genau betrachtet hat diese Angst nichts mit den religiösen Inhalten zu tun, denn sie zeigt sich in Familien, die verschiedenen Religionen angehören, auf ähnliche Weise, unabhängig von deren Lehren und Praxis. Sie wird stärker oder schwächer erlebt, je nachdem, wie ernst die Familie ihre Religion nimmt. Das gilt auch für die sogenannte areligiöse Haltung und für die atheistische. Auch sie wirken verbindlich je nach dem Maß, in dem sie Bedingungen für die Zugehörigkeit zur Familie sind.

Diese Religionen sind also Religionen einer Gruppe. Oft grenzen sich diese Gruppen durch die Religion von anderen Gruppen ab, fühlen sich durch ihre Religion den anderen überlegen und suchen den Einfluß ihrer Religion und Gruppe auf Kosten anderer auszudehnen. Manchmal rechtfertigen sie durch ihre Religion die Unterdrückung anderer Gruppen. Auch politische Überzeugungen werden manchmal mit ähnlichem Eifer vertreten und haben ähnliche Wirkungen.

Diese Gruppen wirken wie ein erweitertes Ich. Daher ist die Gruppenreligion eine Ich-Religion im gesteigerten Sinn. Bei dieser Gruppen-Ich-Religion geht es dann nicht nur darum, sich einer verborgenen Wirklichkeit zu bemächtigen, sondern es geht auch um Macht über andere Menschen und Gruppen.

Die natürliche Religion

Dennoch gibt es innerhalb der verschiedenen Religionen über die Bindung an die Familie und die Gruppe hinaus eine tiefe, persönliche Frömmigkeit, die zwar die äußeren Formen aus Treue zur eigenen Gruppe achtet, innerlich aber weit über deren Inhalte hinauswächst. Zum Beispiel sind die mystischen Strömungen im Christentum und im Islam einander so nahe, daß die Unterschiede der Religionen, aus denen sie kommen, fast wie aufgehoben erscheinen.

Es gibt also über das Trennende von Traditionen, Glaubensinhalten und religiösen Riten hinaus eine religiöse Erfahrung und eine religiöse Haltung, die persönlich ist, unabhängig von der Religion der Gruppe. Sie hat zu tun mit der allen Menschen gemeinsamen Erfahrung der Welt und der Grenzen, die sie uns setzt. Weil diese religiöse Haltung jedem auf gleiche Weise zugänglich ist, könnte man sie die natürliche Religion nennen. Sie braucht weder eine Lehre noch eine Praxis. Im Gegensatz zu den anderen Religionen gibt es hier keine Überlegenheit gegenüber den anderen, keine Machtansprüche und keine Propaganda. Hier ist jeder einzeln. Deshalb verbindet die natürliche Religion, wo andere Religionen trennen.

Die natürliche Religion ist eine persönliche Leistung, vielleicht die höchste persönliche Leistung. Welcher Art, beschreibe ich am Beispiel der Anfänge der Philosophie. Den ersten Philosophen, von denen wir im Abendland wissen, gelang es, innerlich abzusehen von den überkommenen Vorstellungen über den Menschen und die Natur, und sich der Wirklichkeit auszusetzen, so wie sie vor ihnen lag, ohne Vorbehalte und ohne Angst. Was ihnen dabei widerfuhr, war als erstes das Staunen, das Staunen, daß etwas ist. Daß Leben auftaucht aus etwas, das verborgen bleibt, und daß es in dieses Verborgene wieder zurücksinkt. Dieses Staunen vor der Wirklichkeit, wie sie erscheint, ist Andacht vor dem, was ist, ohne ihm auszuweichen oder es deuten zu wollen. Diese Andacht ist das Stille-Halten vor einem Geheimnis, ohne mehr wissen zu wollen, als es uns von sich aus zeigt. Sie ist Zustimmung zu den Grenzen, die uns die erfahrbare Wirklichkeit setzt, ohne sie aufheben oder überschreiten zu wollen. Das ist zutiefst religiös, aber auf eine natürliche und demütige Weise.

Religion als Flucht

Dagegen ist sehr viel in den überkommenen Religionen ein Versuch, dieser Wirklichkeit auszuweichen und Erlösung von ihr zu suchen. Ein Versuch, die erfahrbare Wirklichkeit nach eigenen Bildern und Wünschen zu ändern. Sie umzudeuten, statt ihr sich zu stellen. Ihr Geheimnis zu lüften, statt es zu achten. Vor allem aber ist sie der Versuch, beharren zu wollen gegen den Fluß des Vergehens und der Versuch des Ich, sich einer unfaßbaren Wirklichkeit zu bemächtigen und sie sich dienstbar zu machen.
Hinter diesen Vorstellungen stehen archaische, magische Hoffnungen und Ängste aus einer Zeit, in der sich der Mensch in jeder Hinsicht noch als abhängig erfuhr und dann versuchte, das Unheimliche und Gefährliche mit magischen Mitteln und Riten zu bannen. Aus dieser archaischen Tiefe der Seele kommt das Bedürfnis nach Opfer, nach Beschwichtigung, nach Sühne, nach Einflußnahme. Diese Bedürfnisse verfestigen sich im Laufe der Zeit durch Gewohnheit zu Überzeugungen, ohne daß es in der Umgebung Hinweise gäbe, daß diesen Überzeugungen auch Wirklichkeit zukommt. Sicherlich sind diese archaischen Bilder weitgehend Übertragungen von menschlichen Erfahrungen auf das Verborgene. Denn dieses Religiöse über-

trägt ja die Erfahrung von Ausgleich, Beschwichtigung, Sühne und Einflußnahme aus den menschlichen Beziehungen auf das verborgene Andere, das wir erahnen, aber nicht kennen.
Gegen diesen Hintergrund hebt sich um so deutlicher ab, welche Leistung die natürliche Religion dem einzelnen abverlangt und welche Reinigung des Geistes und welchen Verzicht auf Einflußnahme und Macht sie von ihm fordert.

Philosophie und Psychologie

Es ist zweifellos ein Verdienst der Philosophie und Psychologie, den Weg zur unbefangenen Anschauung der Wirklichkeit und ihrer Grenzen geebnet und so auch der Religion in ihrer natürlichen Form wieder zur Anerkennung verholfen zu haben. In der Psychologie sei auf Freud verwiesen, der viele religiöse Vorstellungen als Projektionen durchschaute. Oder auch auf C.G. Jung, der die Gottesbilder als Ich-Ideale erkannte oder als vorgegebene Archetypen.
Die radikalste Analyse der jüdisch-christlichen Religion und ihrer Grundlagen und Folgen habe ich bei Wolfgang Giegerich gefunden, in seinen Büchern »Die Atombombe als seelische Wirklichkeit« und »Drachenkampf oder Initiation ins Nuklearzeitalter«. Es geht hier um einen tiefschürfenden Versuch über den Geist des christlichen Abendlandes. Giegerich weist zum Beispiel nach, daß die moderne Naturwissenschaft und Technik nur die Fortsetzung der Grundanliegen des Christentums im Sinne der Ich-Religion sind und daß sie, weit davon entfernt, diese in Frage zu

stellen, sie diese in letzter Konsequenz anwenden und vollenden.
Ich selbst habe die Beziehungserfahrungen in der Familie mit den religiösen Vorstellungen und Verhaltensweisen verglichen und dabei sehen können, wie die Beziehungen zum religiösen Geheimnis sich nach vertrauten Bildern und Erfahrungen richten. Schon die Vorstellung von einem Gott als Person erscheint von daher fragwürdig. Dieser Gott wird ausgestattet mit den Eigenschaften, Absichten und Gefühlen, wie sie aus der Erfahrung mit Königen und Herrschern stammen. Daher ist dieser Gott oben, und wir sind unten. Daher unterstellen wir ihm, daß er auf seine Ehre bedacht ist und beleidigt werden kann und daß er zu Gericht sitzt, belohnt und bestraft, je nachdem, wie wir uns ihm gegenüber verhalten. Wie ein idealer Herrscher hat er auch gerecht zu sein und wohltätig und uns zu beschützen gegen Unbilden und gegen unsere Feinde. Daher nennen wir ihn völlig unbefangen auch »unseren« Gott. Wie ein König hat er auch einen Hofstaat, die Engel und die Heiligen, und viele hoffen, als seine Auserwählten diesem Hofstaat einmal anzugehören.
Andere Muster, die wir aus unserer Erfahrung auf unser Verhältnis zum verborgenen Anderen übertragen, sind: die Beziehung eines Kindes zu seinen Eltern und seine Beziehung zur Familie und Sippe. Dann stellen wir uns das verborgene Andere als Vater oder Mutter vor, und wir hängen der Gemeinschaft der Gläubigen an wie einer Familie und Sippe. Von daher kann man auch beobachten, daß vielen Gott-Suchern der Vater fehlt, und daß ihre Gott-Suche aufhört, wenn sie ihren wirklichen Vater gefunden haben, oder daß vielen Asketen die Mutter fehlt, wie zum Beispiel dem Buddha.

Oder man überträgt auf das verborgene Andere das Muster von Geben und Nehmen wie in Geschäftsverbindungen, zum Beispiel bei Gelübden. Oder man überträgt auf das verborgene Andere das Muster der Mann-Frau-Beziehung, zum Beispiel in der Vorstellung von der »heiligen Hochzeit« und der Liebesvereinigung mit Gott. Oder, am seltsamsten vielleicht, verhalten wir uns dem verborgenen Anderen gegenüber wie Eltern zu einem ungezogenen Kind, indem wir ihm vorschreiben, was es zu tun hat und wie es sich verhalten muß, damit es unser Gott sein darf, zum Beispiel, wenn wir sagen: »Gott hätte das nicht zulassen dürfen.«

Diese Beobachtungen führen zu einer Entmythologisierung der Religionen, insbesondere der Offenbarungsreligionen. Sie zeigen, daß die gängigen religiösen Vorstellungen eher etwas über uns selbst aussagen als über Gott oder das Göttliche. Diese Beobachtungen zwingen zu einer Reinigung dieser Vorstellungen und unserer Einstellung dem Religiösen gegenüber. Das heißt aber auch, daß wir wieder auf die ursprüngliche religiöse Erfahrung verwiesen werden und auf die Grenzen, die sie uns aufzeigt und setzt.

Ich erzähle dazu eine kleine Geschichte. Sie heißt:

Die Leere

Schüler verließen einen Meister,
und als sie wieder heimwärts zogen,
fragten sie ernüchtert:
»Was hatten wir bei ihm zu suchen?«

Dann bemerkte einer:
»Wir stiegen blind in einen Wagen,
den ein blinder Kutscher
mit blinden Pferden
blindlings vorwärts trieb.
Doch würden wir wie Blinde,
selber tastend gehen,
tasten wir vielleicht,
wenn wir am Rand des Abgrunds stehen,
mit unserem Stock
das Nicht.

Psychotherapie und Offenbarungsreligionen

Wenn wir nun auf gleiche Weise unbefangen auf die Psychotherapie schauen, sehen wir, daß manche psychotherapeutische Schulen der Religion, die sie überwinden wollten, selber ähnlich wurden, insbesondere den Offenbarungsreligionen. Auch bei ihnen gibt es einen Offenbarer und Gründer, und es gibt Jünger, die sich zu ihnen und ihrer Lehre bekennen. An dieser Lehre mag vieles richtig sein, doch indem man sich zu ihr bekennt, verengt sich der Blick, und man klammert anderes, das damit nicht übereinstimmt, aus oder bekämpft es sogar. So entstehen psychotherapeutische Schulen, die sich manchmal zueinander wie Religionen verhalten. Innerhalb solcher Schulen gibt es dann eine Orthodoxie, einen rechten Glauben und eine rechte Praxis, und es gibt Institute, die diese Lehre und Praxis überwachen und Abweichler ausschließen.

Andere Ähnlichkeiten zu den Religionen sind offenkundig: zum Beispiel die einführende Schulung, die Prüfung der Zuverlässigkeit und einer der Schule verpflichteten Moral, dann der Aufnahme-Ritus, die höheren Weihen, das Bewußtsein der Auserwählung und das Streben nach Einfluß und Macht.
Wie innerhalb der Religionen finden wir in diesen Schulen aber auch Anhänger, die aus persönlicher Einsicht von der vorgeschriebenen Lehre und Praxis abweichen, sich aber scheuen, es im Kreise ihrer Kollegen auch zuzugeben, aus Angst vor Verurteilung und Ausschluß.

Das Können

Im wesentlichen beruht die Psychotherapie auf Techniken, die aus genauer Beobachtung und Erfahrung gewonnen wurden und die sich aus Einsicht und Erfahrung laufend verfeinern und weiterentwickeln. Von daher gibt es auch eine Tendenz weg von Überzeugungen und Theorien, hin zum Handwerk, das gelernt, gewußt, geübt und gekonnt sein muß. Dabei wird der Therapeut der Vielfalt der Einsichten und Bedürfnisse nicht mehr gerecht, wenn er nur *eine* Methode beherrscht. So kommt es zu einem Austausch und einer Annäherung zwischen den Schulen, zu einer Art Ökumene, bei der die Grenzen immer durchlässiger werden. Viele Psychotherapeuten arbeiten sogar rein handwerklich. Ohne sich an eine Schule zu binden, lernen sie mehrere Methoden und verbinden sie in der Praxis je nach Bedarf.

Leib und Seele

Über das Handwerkliche hinaus braucht die Psychotherapie auch die Seelsorge. Das gilt vor allem für die Psychosomatik, also für jene Psychotherapie, die im Zusammenwirken mit der Medizin auch körperliche Krankheiten über die Seele lindern und heilen will.
Wir machen nämlich die Erfahrung, daß gewisse Ereignisse, zum Beispiel eine frühe Trennung von der Mutter, sich später nicht nur auf die Seele auswirken, sondern auch auf den Körper. Dann kann man versuchen, das, was der Seele damals weh getan hat und sich später auch auf den Körper auswirkte, noch einmal hochzuholen. Man schaut es nochmals an, versöhnt sich damit, indem man ihm zustimmt, wie es war, und findet dann aus dem Einklang mit diesem Schicksal auch für den Körper Entlastung und Heilung.
Dazu ein Beispiel:
Während eines Kurses in London erzählte eine Frau im Rollstuhl, sie habe im Alter von zwei Jahren Kinderlähmung gehabt und diese Krankheit ohne schwerwiegende Folgen überstanden. Doch seit einigen Jahren fühle sie sich behindert und sitze daher im Rollstuhl. Ich habe sie gefragt: »Wurde damals für deine Errettung gedankt?« Das war, wie in vielen solchen Fällen, nicht geschehen.
Wenn jemand aus einer lebensbedrohlichen Situation oder Krankheit errettet wurde, sagt er oft, er habe die Krankheit überwunden oder, noch krasser, er habe sie besiegt. Dann fühlt sich das Ich als Held und in Kontrolle. Doch dann zieht sich das, was wirklich wirkt, nämlich die Seele, wieder zurück und überläßt das Ich seinem Schicksal, mit der Folge, daß ein Größeres unser Ich oft schmerzlich eines Besseren belehrt.

Ich habe dieser Frau vorgeschlagen, sie solle die Augen schließen und innerlich sagen: »Wenn meine Behinderung der Preis für mein Überleben ist, zahle ich ihn gerne.« Sie wehrte sich dagegen, und ich erzählte ihr von einem jungen Mann, der durch Kinderlähmung so behindert war, daß er nur den Kopf und eine Hand ein wenig bewegen konnte. Als ich ihn fragte, welche Geschichte seine Seele am tiefsten bewege, erzählte er mir eine Zen-Geschichte:

Ein Bergsteiger stürzt, hängt am Seil über dem Abgrund, oben nagen Mäuse an seinem Seil. Dann sieht er in Reichweite seiner Hand vor sich am Felsen zwei wilde Erdbeeren. Er pflückt sie, steckt sie in den Mund und sagt: »Wie süß!«

Dann fragte ich die Frau: Wenn du dir auf der einen Seite vorstellst, dein Leben sei gesund verlaufen, und du dir auf der anderen Seite dein Leben vorstellst, wie es wirklich war: Welches Leben ist kostbarer? Sie wehrte sich lange mit Ausflüchten. Dann weinte sie und sagte: Dieses hier ist kostbarer.

Das war ein religiöser Vollzug, weg vom Ich und seiner Kontrolle, hin zu Hingabe und Einklang. Doch gerade aus diesem Vollzug kommt lindernde und heilende Kraft.

Manchmal will die Seele auch krank sein und sterben aus Einklang mit etwas Größerem, also aus einer religiösen Haltung, die darauf verzichtet hat, etwas zu bewirken. Denn manchmal braucht die Seele eine Krankheit zu ihrer Läuterung – oder sie will sterben, weil sie fühlt, daß ihre Zeit vorbei ist.

Vor kurzem hat mir eine Frau, die an Krebs erkrankt war, einen seltsamen Traum erzählt. Sie schaute in den Spiegel und sah sich ohne Kopf. Ich habe ihr gesagt: »Das ist ein Todestraum.« Sie sagte: »Ich hatte aber gar keine Angst dabei.« Ich sagte ihr: »Genau. Die Seele hat in der Tiefe keine Angst vor dem Tod.«

In der Seele gibt es eine Bewegung von Sehnsucht zurück zum Urgrund. Wenn die rechte Zeit gekommen ist, dann neigt sich die Seele dem Urgrund zu und ist in Frieden. In dieser Bewegung ist eine unglaubliche Schönheit, eine unglaubliche Tiefe. Sie ist die tiefste Bewegung überhaupt. Manche aber machen diese Bewegung zu früh, sie greifen ein in die natürliche Bewegung. Dann schaden sie der Seele. Solchen Menschen muß man helfen, daß sie anhalten. Denn wer sich vor der Zeit auf diesen Weg macht, der versündigt sich an dieser Bewegung. Denn sie ist ganz still und im Frieden. Doch wer sich dieser natürlichen Bewegung still überläßt, der erfährt manchmal, daß sie von sich aus anhält.

Auch dazu ein Beispiel: In einer Fernsehsendung über Spontanheilungen wurde ein Patient vorgestellt, der an Krebs operiert worden war. Als die Ärzte sahen, daß sie nichts mehr machen konnten, haben sie ihn als unheilbar aus der Klinik entlassen. Dem Mann war bewußt, daß sein Leben nun zu Ende ging, und so hat er sich zu Hause mit seiner Frau hingesetzt und sein Testament gemacht. Als er damit fertig war, spürte er so etwas wie einen Ruck in seinem Körper, und von da an sind die Krebszellen abgestorben. Er wurde, wie die Ärzte bestätigten, wieder völlig gesund.

Was war geschehen? Der Mann kam in Einklang mit dem Tod, mit Schicksal und Ende, mit dem Urgrund sozusagen, aus dem das Leben aufsteigt und in den es wieder absinkt, und aus diesem Einklang kehrte sich für ihn die Bewegung zum Tode um und führte ins Leben zurück.

Die Schicksalsgemeinschaft

Nun gibt es aber auch Ereignisse und Schicksale in der Herkunftsfamilie von Patienten, die nicht von ihnen persönlich erlebt wurden und die dennoch bei ihnen zu schweren Krankheiten führen. Auch hier ist das Ich mit im Spiel, aber auf seltsame Weise. Oft versuchen Patienten zum Beispiel, die Trennung von verstorbenen Eltern oder Kindern rückgängig zu machen, indem sie ihnen innerlich sagen: »Ich folge dir nach.« Diesen Satz setzen sie oft auch um, sei es durch eine todbringende Krankheit oder durch einen schweren Unfall oder durch Selbstmord.

Oder es wird versucht, das schlimme Schicksal einer geliebten Person mit magischen Mitteln zu wenden, oft sogar nachträglich, indem man ihr innerlich sagt: »Lieber sterbe ich als du.« Auch dieser Satz wird manchmal ausgeführt, entweder durch Krankheit oder durch Unfall oder durch Selbstmord.

Oder es wird versucht, eigene und fremde Schuld durch Krankheit und Tod zu sühnen, so als könnte man etwas Schlimmes durch ein anderes Schlimmes ausgleichen oder ungeschehen machen.

Auch hier kommen wir mit dem Handwerklichen allein nicht mehr zurecht. Auch hier braucht es eine Psychosomatik, die sich der religiösen Hintergründe von Krankheit und Heilung bewußt ist und sie durchschaut. Eine Psychosomatik, die behutsam wegführt von einer religiösen Haltung, welche die Wirklichkeit von Tod, Schuld und Schicksal magisch zu bannen versucht, hin zu einer religiösen Haltung, die sich diesen Wirklichkeiten fügt und gerade dadurch zurück zum Eigenen findet: zur eigenen Größe und Kraft, zum eigenen Leben, zu Gesundheit und Glück.

Erst aus dieser Haltung heraus entfaltet auch das Familien-Stellen seine volle versöhnende und heilende Kraft.

Die leere Mitte

Für Psychotherapeuten stellt sich nun die Frage: Wie finden sie zu dieser Haltung und wie können sie solche Wirkungen auslösen und aushalten. Ich mache mir dabei keine großen Gedanken, weil ich mich an einen Freund von mir halte, einen gewissen Laotse, schon sehr lange tot. Er spricht im »Tao-te-king« über die Wirkung des Sich-Zurücknehmens und Sich-Zurückziehens in eine leere Mitte.

Wer sich in die leere Mitte zurückzieht, ist ohne Absicht und ohne Furcht. Wie von selbst ordnet sich das Viele um ihn herum, ohne daß er sich bewegt. Das ist die Haltung, die der Therapeut im Angesicht von schweren Schicksalen und schwerer Krankheit einnehmen kann: daß er sich zurückzieht in die leere Mitte. Er braucht nicht die Augen zuzumachen dabei, denn die leere Mitte ist nicht abgekapselt. Sie ist verbunden. Denn gleichzeitig setzt sich der Therapeut dem Schicksal und der Krankheit aus, gleichsam mit seiner größten Fläche und ohne Furcht. Das ist besonders wichtig, denn wer Angst hat, was alles passieren könnte, der hat seine Kraft und seine Wachheit verloren.

In der leeren Mitte ist man mit Kräften verbunden, die über das Ich und seine Planung weit hinausreichen. Wenn man sich darauf einläßt, tauchen plötzlich Lösungsbilder, Lösungssätze und Handlungshinweise auf. Denen folgt man dann. Dabei gibt es auch Irrtümer, das ist ganz klar. Doch der Irrtum reguliert sich über das Echo, das folgt. Der

Therapeut braucht also in dieser Haltung nicht vollkommen zu sein. Er maßt sich nichts an. Er ist nur still in dieser Mitte. Dann gelingt diese Art von Therapie.
Diese absichtslose Haltung, die dem kranken Menschen zustimmt, wie er ist, die seiner Krankheit zustimmt, wie sie ist, die seinem Schicksal zustimmt, wie es ist, nenne ich Demut. Sie ergibt sich aus dem Einklang von Seele und Ich und ist der eigentliche religiöse Vollzug.
Zum Schluß erzähle ich dazu noch eine Geschichte. Es ist eine philosophische Geschichte oder eine religiöse oder eine therapeutische – denn in ihr sind diese Unterschiede aufgehoben. Die Geschichte heißt:

Der Kreis

Ein Betroffener bat einen, der mit ihm ein Stück des gleichen Weges ging:
»Sage mir, was für uns zählt.«

Der andere gab ihm zur Antwort:
»Als erstes zählt, daß wir am Leben sind für eine Zeit,
so daß es einen Anfang hat, vor dem schon vieles war,
und daß es, wenn es endet, zurück ins Viele vor ihm fällt.

Denn wie bei einem Kreis, wenn er sich schließt,
sein Ende und sein Anfang ein und dasselbe werden,
so schließt das Nachher unseres Lebens sich nahtlos seinem Vorher an,
als wäre zwischen ihnen keine Zeit gewesen:
Zeit haben wir daher nur jetzt.

Als nächstes zählt, daß, was wir in der Zeit bewirken,
sich uns mit ihr entzieht,
als würde es zu einer anderen Zeit gehören,
und würden wir, wo wir zu wirken meinen,
nur wie ein Werkzeug aufgehoben,
für etwas über uns hinaus benutzt
und wieder weggelegt.
Entlassen werden wir vollendet.«

Der Betroffene fragte:
»Wenn wir und was wir wirken, jedes zu seiner Zeit besteht
und endet,
was zählt, wenn unsere Zeit sich schließt?«
Der andere sprach:
»Es zählt das Vorher und das Nachher
als ein Gleiches.«

Dann trennten ihre Wege sich
und ihre Zeit,
und beide hielten an
und inne.

Veröffentlichungen von und über Bert Hellinger

Bücher

Carl-Auer-Systeme Verlag

Zweierlei Glück. Die systemische Psychotherapie Bert Hellingers. Herausgegeben von Gunthard Weber. 1993. Überarbeitet. 9. Auflage 1997
338 Seiten. ISBN 3-89670-005-7
In lebendigem Wechsel von Vorträgen, Fallbeispielen und Geschichten führt Gunthard Weber umfassend in die Denk- und Vorgehensweisen Bert Hellingers ein. Das übersichtlich gegliederte Buch beschäftigt sich ausführlich mit den verschiedenen Aspekten von Beziehungen, mit den »Bedingungen für das Gelingen«, dem »Gewissen als Gleichgewichtssinn in Beziehungen«, den »Beziehungen zwischen Eltern und Kindern« sowie den Paarbeziehungen, den systemischen Verstrickungen und ihren Lösungen und abschließend mit der Praxis systembezogener Psychotherapie.

Ordnungen der Liebe. Ein Kursbuch. 1994. 4. Auflage 1997
553 Seiten. ISBN 3-89670-000-6
Dies ist ein Kursbuch in mehrfachem Sinn. Erstens werden ausgewählte therapeutische Kurse wortgetreu wiedergegeben. So kann der Leser am Ringen um Lösungen teilnehmen, als wäre er selbst mit dabei. Zweitens werden Hellingers therapeutische Vorgehensweisen ausführlich dargestellt und erläutert, vor allem seine besondere Art, Familien zu stellen. Drittens nimmt Hellinger den Leser auf den Erkenntnisweg mit, der zum Erfassen der hier beschriebenen Ordnungen führt. Abschließend erläutert Hellinger in einem längeren Interview seine Einsichten und Vorgehensweisen. Im Anhang sind die Inhalte ausführlich nach Themen geordnet.

Familien-Stellen mit Kranken. Dokumentation eines Kurses für Kranke, begleitende Psychotherapeuten und Ärzte. 1995. 2., erweiterte und überarbeitete Auflage 1997
339 Seiten. ISBN 3-89670-018-9
Ein praxisnaher Einführungskurs in das Familien-Stellen mit Kranken und in die familiengeschichtlichen Hintergründe von chronischer und lebens-bedrohender Krankheit. Im Anhang finden sich Rückmeldungen und Ergänzungen ein Jahr nach dem Kurs.
In gekürzter Form auch als Video erhältlich.

Verdichtetes. Sinnsprüche – Kleine Geschichten – Sätze der Kraft. 1995. 3. Auflage 1997
109 Seiten. ISBN 3-89670-001-4
Die hier gesammelten Sprüche und kleinen Geschichten sind während der therapeutischen Arbeit entstanden. Sie

sind nach Themen geordnet: »Wahrnehmen, was ist«, »Die größere Kraft«, »Gut und Böse«, »Mann und Frau«, »Helfen und Heilen«, »Leben und Tod«. Ihr ursprünglicher Anlaß scheint manchmal noch durch, doch reichen sie weit darüber hinaus. Gewohntes Denken wird erschüttert, verborgene Ordnungen kommen ans Licht.
In den »Sätzen der Kraft« verdichtet sich heilendes Sagen und Tun. Sie bringen eine Lösung in Gang, wenn jemand in ein fremdes Schicksal verstrickt ist oder in persönliche Schuld, und machen für Kommendes frei.

Schicksalsbindungen bei Krebs. Ein Kurs für Betroffene, ihre Angehörigen und Therapeuten. 1997
202 Seiten. ISBN 3-89670-008-1
Dieses Buch dokumentiert am Beispiel von Krebs, wie Schicksalsbindungen in der Familie schwere Krankheiten mitbedingen und aufrechterhalten. Und es zeigt, wie die Liebe, die krank macht, sich löst in Liebe, die heilt.
Etwas gekürzt auch als Video erhältlich unter dem Titel: »Bert Hellinger arbeitet mit Krebskranken«.

Haltet mich, daß ich am Leben bleibe. Lösungen für Adoptierte. 1998
240 Seiten. ISBN 3-89670-092-8
Der hier dokumentierte Kurs für erwachsene Adoptierte zeigt, wie die Bindung des Kindes an seine leiblichen Eltern weiterwirkt. Es zeigt aber auch, wie diese Bindung auf eine Weise gelöst werden kann, die es dem Adoptivkind ermöglicht, sich seinen neuen Eltern zuzuwenden und von ihnen den Halt und die Liebe zu nehmen, die sie ihm schenken. Auch als Video erhältlich.

In der Seele an die Liebe rühren. Familien-Stellen mit Eltern und Pflegeeltern von behinderten Kindern. 1998
ca. 120 Seiten. ISBN 3-89670-093-6
Eltern, die ein behindertes Kind haben, und Pflegeeltern, die ein solches Kind aufnehmen, werden vom Schicksal dieser Kinder auf eine besondere Weise in Dienst genommen. Wie ihre Liebe an diesem Schicksal und dieser Aufgabe wächst, wird uns in diesem Buch bewegend vor Augen geführt.
Auch als Video erhältlich.

Wo Schicksal wirkt und Demut heilt. Ein Kurs für Kranke. 1998
ca. 320 Seiten. ISBN 3-89670-029-4
Mit diesem Buch beschließt Bert Hellinger seine Dokumentation über das Familien-Stellen mit Kranken und über die familiengeschichtlichen Hintergründe von schwerer Krankheit, Unfällen und Selbstmord. Darüber hinaus enthält es zahlreiche Beispiele von Kurztherapien.
Auch als Video erhältlich.

Touching Love. Bert Hellinger at Work with Family Systems. Documentation of a Three-Day-Course for Psychotherapists and their Clients. 1997
186 Seiten. ISBN 3-89670-022-7
Bert Hellinger demonstrates the Hidden Symmetry of Love operating unseen in the lives of persons suffering with serious illness and difficult life circumstances. This book is a full documentation of a workshop for professionals held near London in February, 1996.
The accompanying video documentation is available in two editions:

Full documentation: 11 ½ hours, 3 VHS cassettes (PAL only).
Representative Selections: 3 hours selection (PAL or NTSC).

Praxis des Familien-Stellens. Beiträge zu systemischen Lösungen nach Bert Hellinger.
Herausgegeben von Gunthard Weber. 1997
ca. 400 Seiten. ISBN 3-89670-090-1
Dieser Band gibt den Stand der Entwicklung des Familien-Stellens im deutschsprachigen Raum wieder. Er umfaßt etwa 50 überarbeitete Beiträge der ersten Arbeitstagung »Praxis des Familien-Stellens« vom März 1997 in Wiesloch: Grundlegende Vorträge und Berichte über die Übertragung dieses Ansatzes auf unterschiedliche Settings, Klientengruppen und Anwendungsbereiche (etwa auch auf Organisationen).

Kösel-Verlag

Finden, was wirkt. Therapeutische Briefe. 1993. Erweiterte Neuauflage. 8. Auflage 1997
191 Seiten. ISBN 3-466-30389-3
Diese Briefe geben knapp und verdichtet – meist unter 20 Zeilen! – Antwort auf Fragen von Menschen in Not und zeigen, oft überraschend und einfach, die heilende Lösung. Sie lesen sich wie kleine Geschichten, denn jeder Brief erzählt verschlüsselt ein Schicksal. Es geht um die Themen: »Mann und Frau«, »Eltern und Kinder«, »Leib und Seele«, der »tragende Grund« und »Abschied und Ende«.

Anerkennen, was ist. Gespräche über Verstrickung und Lösung. Zusammen mit Gabriele ten Hövel. 1996. 6. Auflage 1997
198 Seiten. ISBN 3-466-30400-8
In dichten Gesprächen mit der Journalistin Gabriele ten Hövel gibt Hellinger Einblick in die Hintergründe seines Denkens und Tuns. Und er zeigt, wie über die Anerkennung der Wirklichkeit auch in schwierigen Fragen die Verständigung gefunden und ein Ausgleich erreicht werden kann. Ein Glossar macht den Inhalt über zahlreiche Stichworte zugänglich.

Die Mitte fühlt sich leicht an. Vorträge und Geschichten. 1996. 4., erweiterte Auflage 1998
248 Seiten. ISBN 3-466-30460-1
Hellingers grundlegende Vorträge und Geschichten sind hier gesammelt vorgestellt. Sie kreisen um die gleiche Mitte, eine verborgene Ordnung, nach der Beziehungen gelingen oder scheitern.
Auch auf CD und Video erhältlich.

Droemer Knaur Verlag

Thomas Schäfer: **Was die Seele krank macht und was sie heilt.** Die psychotherapeutische Arbeit Bert Hellingers. 1998
240 Seiten. ISBN 3-426-76167-X
Dieses Buch wendet sich an eine breitere Öffentlichkeit. Es faßt zusammen, was Hellinger lehrt, und erläutert an vielen Beispielen seine wichtigsten Vorgehensweisen.

Videos, CDs, Audio-Cassetten

Professionell gestaltet unter der Regie von Johannes Neuhauser
Alle erschienen im Carl-Auer-Systeme Verlag

Ordnung und Krankheit. Vortrag und therapeutisches Werkstattgespräch. Video. 1994
130 Minuten. ISBN 931574-74-1
Der Vortrag »Ordnung und Krankheit« beschreibt, was in Familien zu schweren Krankheiten, Unfällen und Selbstmord führt und was solche Schicksale wendet (ähnlich dem Vortrag »Vom Himmel, der krank macht, und der Erde, die heilt«).
Im therapeutischen Werkstattgespräch erläutert Hellinger anhand von dreißig Fragen seine Psychotherapie und erzählt aus der Praxis seiner Arbeit. Die Fragen stellt Johannes Neuhauser.

Familien-Stellen mit Kranken. Ein Kurs für Kranke, begleitende Psychotherapeuten und Ärzte
3 VHS-Cassetten. 1995
10 Stunden. ISBN 3-927809-55-1
Das Video zum gleichnamigen Buch.

Bert Hellinger arbeitet mit Krebskranken. Ein Kurs für Betroffene, ihre Angehörigen und Therapeuten.
2 VHS-Cassetten. 1996
7 ½ Stunden. ISBN 3-89670-007-3
Das Video zum Buch: »Schickalsbindungen bei Krebs«.

Haltet mich, daß ich am Leben bleibe. Lösungen für Adoptierte
2 VHS-Cassetten. 1997
7 Stunden. ISBN 3-89679-061-8
Das Video zum gleichnamigen Buch.

In der Seele an die Liebe rühren. Familien-Stellen mit Adoptiveltern und Eltern von behinderten Kindern
1 VHS-Cassette. 1998
3 Stunden. ISBN 3-89670-064-2
Das Video zum gleichnamigen Buch.

Wo Schicksal wirkt und Demut heilt. Ein Kurs für Kranke
3 VHS-Cassetten. 1998
9 ½ Stunden. ISBN 3-89670-061-8
Das Video zum gleichnamigen Buch.

Touching Love. Bert Hellinger at Work with Family Systems
3 VHS-Cassetten. 1997
11 ½ Stunden. ISBN 3-89670-051-0

Selections from Touching Love. Bert Hellinger at Work with Family Systems
1 PAL-Cassette. 1997
3 Stunden. ISBN 3-89670-053-7

Selections from Touching Love. Bert Hellinger at Work with Family Systems.
1 NTSC-Cassette. 1997
3 Stunden. ISBN 3-89670-052-9

Die Mitte fühlt sich leicht an. Eine CD- und Video-Edition des gleichnamigen Buches.

Diese CD- und Video-Reihe enthält Bert Hellingers grundlegende Einsichten aus 25 Jahren therapeutischer Arbeit. Jede der CDs und Videos widmet sich einem speziellen Thema und ist in sich abgerundet.

CD-Paket 1 (2 CDs) bzw. Video 1
Schuld und Unschuld in Beziehungen (Vortrag)
Geschichten, die zu denken geben. 141 Minuten
ISBN 3-931574-48-2 (CD)
ISBN 3-931574-54-7 (Video)

CD-Paket 2 (2 CDs) bzw. Video 2
Die Grenzen des Gewissens (Vortrag)
Geschichten, die wenden. 135 Minuten
ISBN 3-931574-49-0 (CD)
ISBN 3-931574-55-5 (Video)

CD-Paket 3 (3 CDs) bzw. Video 3
Ordnungen der Liebe (Vortrag)
Teil 1: Zwischen Eltern und Kindern und innerhalb der Sippe
Teil 2: Zwischen Mann und Frau und in bezug zum tragenden Ganzen
Geschichten vom Glück. 206 Minuten
ISBN 3-931574-50-4 (CD)
ISBN 3-931574-56-3 (Video)

CD-Paket 4 (2 CDs) bzw. Video 4
Leib und Seele, Leben und Tod (Vortrag)

Psychotherapie und Religion (Vortrag)
ISBN 3-89670-066-9 (CD)
ISBN 3-89670-097-7 (Video)

Vom Himmel, der krank macht, und der Erde, die heilt.
Leiden ist leichter als lösen
2 Audio-Cassetten. 1995/1993
Je 60 Minuten. ISBN 3-89670-0447-2
»Vom Himmel, der krank macht, und der Erde, die heilt« ist ein Vortrag, der die grundlegenden Dynamiken beschreibt, die in Familien zu schweren Krankheiten führen oder zu Unfällen und Selbstmord, und zeigt, was solche Schicksale manchmal noch wendet (ähnlich dem Vortrag »Ordnung und Krankheit«). Auch im Buch »Ordnungen der Liebe«.
»Leiden ist leichter als lösen« ist ein Radiointerview mit Gabriele ten Hövel. Auch im Buch »Anerkennen, was ist«.